a piece of Lucky

ラッキーのかけら

由加利

Yukari

文芸社

ラッキーのかけら　目次

序章　二〇〇〇年秋、渡米準備

家を建てて三年。子どもの学校にも幼稚園にも親子ともども慣れてきて、緊張感もなくなってきた頃、夫がある話をもち帰ってきた。

「アメリカでの仕事に誘われたんだけど……」

それは明らかに、行きたいけど無理だよねえ、という感じのきり出し方だった。

「仕事くらい、やりたいようにやれば？」

軽く答えた私は何も考えてなかったかもしれない。ただ、その頃の毎日にちょっと行きづまってた。アメリカには過去に一年だけ住んだことがあって良い思い出も多かった。

「なんとかなるよ」

実は生活を大きく変えたかったのかもしれない。

そして二〇〇〇年秋、赴任準備に入った。

アメリカ行きが決まって、とてもうれしそうにアメリカの素晴らしさ、楽しさを話した夫。父親のその様子が家族の心の支えとなって、引っ越しも前向きに受けとめられたし期待も大きくふくらんだ。会社帰りに夫はアメリカ生活のことが書いてある本を買いこんできてはそのへんに置いていく。家族はそれを読んで予備知識をつけた。役に立ったのは『アメリカ駐在物語』(漫画)。

ちょっとした物についてもアメリカだとこんな感じだとか、こんな大きさ、こんな値段などと、普段から私は子どもたちによく話し聞かせた。銃の事件やカーチェイスのシーンなどもアメリカならではの物騒な事件としてよくテレビに映し出されたけれど、まあこれも現実だし、日本と違うということをよく理解させておくために、怖がるからあえて見せない、ということはしなかった。

私はそれより、日本のアニメやドラマに多くなっている残虐なシーンだけは子どもに見せたくなかった。どうしてそういうものを平気でつくるのか、子どもが見る時間帯に流すのか、放送に関わる日本の大人にがっかりしてた。アメリカだと、過激なシーンのある番組は子どもに見せないように指定の記号がついて、子どもが見るチャンネルや時間帯には放映されない。親として気分的に安心していられるのはアメリカのほうなんじゃないかと実はずっと前から思ってた。

渡米が決まった当時、長男は小学校二年生（八歳）、次男は幼稚園年少（四歳）。渡米までにやらなきゃいけないことを調べ、本に書いてあったとおり、まずは長男の小学校に退学届けを出し、現地校に見せるための（英語の）成績証明書をつくってもらった。

子どもの歯の治療や予防接種は、アメリカに行ってからやったほうがいいと思い（実際にそのほうが簡単）、日本では何もしなかった。

英語に関しては、不安だらけ。少しでも英会話を習っておきたかったが、授業料が高すぎた。そこで、インターネットで見つけた海外赴任親子研修に参加。麻布のインターナショナルスクールまで出向き、子どもは子どもクラスに入って英語やアメリカがどんなものかを聞かせてもらい、親もアメリカの学校や手続きについて聞くことができた。全三回。

海外子女教育振興財団というところで、教科書の無料配布を受けるための手続きもした。現地の総領事館に在留届けを出しておけば、アメリカにいても日本の義務教育期間は教科書がもらえるとあった。

カリフォルニアのシリコンバレーとよばれる地帯に住む日本人の子どもは、日本語補習校というところに毎週末一回通うか、平日の夕方に補習をする三育学院という学校のどちらかに通うことが多い。母国語とはいえ、関わる時間が減ると、確実に日本語だってあやしくなる。日本語の保持が重要課題と体験談にもでていた。

子どもが大きくなるにつれ、英和辞書や和英辞書、有名な伝記も必要になるかも。いろんなことを予測しながら思いついた本はいろいろ買っておいた。サンノゼにも紀伊國屋書店があるから日本の本は買える。でも、日本の値段の一・五倍近くすることを初めての渡米の時に知った。日本語が恋しくなる日々の中、一・五倍の値段はとちょっと大きい。


初めての渡米時、自分で荷づくりした結果、壊れたものが多くてこりたので、今回は、引っ越し屋に荷づくりも全部お任せした。何重にも紙でくるんでた。箱に詰めるのだけでも相当に時間がかかったけど、そのおかげで壊れたものはひとつもなかった。さすがだ。

税関を通ったりする手続きの都合上、荷物は到着まで一カ月はかかる。だから自分たちが出国する一カ月前にはもう荷出しすることになってしまう。そうかといって、荷物を出してまだしばらくは日本での生活があるから、全部出すわけにもいかない。そんなとき、キャンプ道具が役に立った。

一カ月、居間にはキャンプテーブルと折りたたみ椅子。キャンプ用の食器で食事をし、寝袋と二組だけ残した布団で家族四人くっついて寝た。家の中でキャンプ。

そして最後の日、第二便としてキャンプ道具も引っ越し屋に運ばれていき、自分たちもマイホームと別れた。

アメリカの住居探しは、インターネットの発達で本当に楽になったと思う。前回は人づてに評判を聞いておいて、現地へ行ってから見て決めるしかなかったのに、今回は、インターネットで住みたい地区にある物件をいくつか調べることができ、また室内の様子も写真で見ることができて、行く前から絞りこむことができた。空き状況、入居できそうな日、はたから見たアパートの評価までわかった。

ただ今回悩んだのは子どもを通わせたい学校の地区に住むかどうか。

アメリカの学校は小学校、中学校、高等学校とも学力ランキングが発表されている。それを見てしまうと、低い評価の学校より高い評価の学校へ行かせたくなるのが親。でも学校だけで家を選ぼうとすると、家賃がとても高額なエリアになる場合が多い。

　最終的にはアパートの管理人の第一印象が良くて、家賃もそこそこ、学校区域としてもそこそこのところに決めた。だけど住んでみなければ実際のことはよくわからないものだ。住居に限らず環境にしたって思ったより住み心地が良くないかもしれないということも予想して、はじめの契約は月ぎめか半年契約にしておけばよかったというのが、ふり返ってみての素直な感想。気に入れば次回も更新すればいいだけ。はじめに一年契約でアパートに入ってしまうと、途中で引っ越したくなったとき、住まなくてもペナルティとして残り期間の家賃を払わされたりすることがある。まさにうちがそうだった。


　さて、日本をしばらく離れるということでマイホーム（築三年の一戸建て）をどうにかしなくちゃならなくなった。よく「家を買うと転勤になる」と言われ、不思議なことにうちもそうなった。帰国したら帰る家だし、なんたってローンがほとんど残った状態。ほったらかしにはできない。誰かに使ってもらわないと家は傷む。

　選択肢は三つ。
一、業者に頼んで定期的に空気の入れ替えをしてもらうもっていけない家具は置いていけるし、一時帰国したときにはわが家ですぐ寝ることもできる。ただし、家賃収入がないからローンも業者に支払う管理費も全て自己負担。

二、社宅として借りてもらう

会社経由で安心。借り手がつかない間も、決められた家賃はこちらに入ってくるし、帰国が決まったら家もすぐ引き渡してもらえる。ただ、設定される家賃が安すぎる場合が多い。自分たちが月々支払っているローンの、半分にも満たないことがあるらしい。

三、不動産屋に仲介してもらい賃貸物件にしてしまう

転勤大家になるということ。うちはこれを選択した。借り手は不動産屋経由で決まり、手続きも不動産屋経由。タイミングよく借り手がつかないと、ずーっと無収入。住んでもないのにローン分だけは支払わねばならず、転勤先の家賃とダブルの出費。でも家賃をこちらで設定でき、借り手さえつけばローンの支払いのたしになるくらいの収入にはなる。

土地柄もあって希望額より家賃設定を安くさせられることはあるけれど、社宅扱いほど安くなることはない。駐車スペースが二台分ある、スーパーに近い、駅までも徒歩圏にある、食器洗い機まである我が家。不動産屋は「このへんの相場で出したほうが借り手がつきやすい」と言い、結局希望家賃額より二万円ほど値下げすることになったけどすぐに借

り手がつき、なによりだったと思う。

最初に一カ月分、あとは毎月家賃の五パーセントを不動産屋に管理手数料として支払い、用事があればアメリカまでeメールで連絡してもらった。不動産屋は水が漏れたとか給湯の調子が悪いとかなどの、借り手にとって不都合なことを全部あいだに入って借り手から聞いてくれ、修理してもいいかなどの確認をアメリカに入れてくれた。修理代は大家持ちだけど、遠くてできない精算などの手続きは、私たちに代わって全部不動産屋がやっておいてくれた。

まるっきり知らない人がわが家に住むというのは心配なことも多いけど、近所や不動産屋が遠まきに様子を見ていてくれるという心強さがあった。

マイホームから離れるときに、やっておかなければならない手続きは他にもいろいろある。
一、固定資産税の支払い
固定資産税の支払いを誰かに代わってやってもらうのを、東京三菱銀行のグローバルダイレクト係で手続き。

二、住宅金融公庫のローン続行

融資住宅留守管理承認申請書というものを、ローンを組んだ銀行へ提出。公庫のローンは、そこに住むという約束のもとに組まれているので、渡米して離れてしまうと今までのようにローンが組めなくなってしまう。それを続けさせてもらうための手続き。

三、郵便物の転送

わが家あての郵便物をアメリカまで送ってもらうために、海外赴任センターというところに頼んでおく。毎月一回、まとめて送ってくれる。

四、下水道料金の清算

水道、ガス、電気の清算は国内の引っ越しと手続きは同じ。でも下水道のほうは渡米してから請求書が郵送されてきた。こういう二カ月に一度、それも二月頃に十一、十二月分の請求がくるようなのは要注意。うちは知らないうちに督促状まで発行されてしまってた。渡米後は支払いしに行きようがないので、不動産屋に甘えてお願いした。

五、車を売る

新車で買って三年愛用した車を手離すことに。すでに三万六千キロほど走行し、車検も目前に迫っていた。九十七万円で売却。アメリカで車を買うための予算にする。

六、郵便局の口座の解約

うちは郵便局をよく利用していて、通帳はほとんど郵便局のものだった。でも海外ではまったくの役立たずになるからすべて解約。学資保険もぜーんぶ。解約したお金は、海外でも動かせる銀行の口座へ移動。

こうして二〇〇一年二月、準備のため先にアメリカへ発った夫に遅れること一カ月、私たち母子三人はアメリカ・カリフォルニア州のCupertino（クパティノ）という町へ出発した。

第一章　二〇〇一年★渡米。怒濤の半年

子供の入学手続き

日本の小学二年生の三学期にさしかかるときに渡米してきた長男は、その時点でかけ算の九九が終了。勉強にはあまり支障のない時期だったと思う。

クパティノには日本人が多く、ESL、ELDという、英語を母国語としない子のためのクラスが用意されている学校も多いので、日本人の子はたいていそこに入る。うちの息子も英語がまったくわからなかったので、ELDクラスにふりわけられた。

授業はすべて英語。といっても英語のわからない子たちばかりなので、先生は少しペースを配慮してくれる。そういう毎日を過ごしていくうちに、何を言っているのか、何て書いてあるのかがわかってくる。いつか普通クラスへ合流させるのが目的のクラスというわけだ。

手続きは、ホームスクールの事務室に入学に必要なものを聞きに行くところから始まる。必要な書類をいっぱい渡されて、まず予防接種をすべて受けてくるようにと言われた。長男は四本も受けなければならなかった。日本ではポリオは二回でいいのに、ここは計四回も必要。あとB型肝炎、ツベルクリンチェックも、入学にはもう一回必要。

日本は四月に新学年スタートだけど、夏休みあけの秋からが年度始めというアメリカ。何かと教育習慣もちがう。秋までに五歳になる子どもは小学校の敷地内にある幼稚園（キンダーガーテン）に秋から義務教育で入れることになっている。その手続きはだいたい二月に行なわれ、渡米時がその期間。

八月生まれの次男はその時四歳で、夏で五歳になるという年齢。だから次男のキンダーガーテン手続きも、長男の入学手続きと合わせ、半年後にむけた大事な事務手続きとしてやっておかなければならなかった。ひとりのことでもわけわからないのにダブルの手続きだ。

長男用と次男用のそれぞれの入学・入園手続き用紙を束で受け取り、長男は四本、次男はあと五本の必要な予防接種を受けるため、さっそく小児科に予約電話をかけに家へかけ戻った。電話をすると「入園手続きの時期だから混んでて早くても二週間後になります」。待ってられないから急きょ、予約なしでも大丈夫と書いてあった病院へダッシュ！

結局、長男は両腕に二本ずつ、次男は左腕に三本、右に二本いっきに注射を打たれて、見ていた親のほうがびっくり。熱が出てもおかしくないなと思ったのに、案外子どもたちは大丈夫でまたびっくり。

その晩、二人の手続き用紙に必要事項を書きこもうと思ったら、今度は意味のわからない英単語だらけ。私が辞書を引き、夫が解読していくという分担作業を四時間。深夜にやっと書き終わった。ここまでで、ものすごいストレスと疲れ。

翌日、すべてそろえて再び学校の事務室へ。今度は長男にＥＬＤクラスの面接を受けさせてきて、と言われる。車で十分ほどの指定場所へ行き、長男は英語が話せないと夫が担当者に言うと、「じゃ、ＥＬＤクラスね」と担当者は言い、紙にサインをさせられた。これだけのことだったらしい……。で、また学校へ。

給食はどうやって買えばいいのか、何時にどこへ登校すればいいのか、何を持って行けばいいのか、ただだまって待っててもアメリカ人は教えてくれない。自分からしつこく聞かないと説明してくれないので質問がなくなるまで根掘り葉掘り聞いて、ようやく初登校日にむけての心づもりができた。

次男のほうは、五月にキンダーガーテンの面接があるというので希望日を伝えておく。こっちも二月の時点での手続きとしては終了。

長男、クパティノの小学校生活

長男2nd grade（二年生）の初登校の日は何も持ってこなくていいと言われたので、ほんとに空っぽのバックパックを背負って登校。送り迎えは親の義務なので、九時に連れて行き三時に迎えに行った。初日の様子をあれこれ聞いてみたら、机の中に鉛筆が一本と教科書が入っていてそれを使ったとか、ランチは暗証番号を押して受け取るんだとか、聞いて驚くことばかり。

やったプリントを見てみる。確かに英語で書いてあるんだけど、『同じコインは何枚ですか』とコインの絵が描いてある簡単な問題。二年生がこんなレベルのことしてて大丈夫なのかと不安になったりもする。でも長男は「ランチはチーズバーガーだった！」と大喜びで、楽しんでいるならそれでいいやと、親として第一段階をクリアできた気分。

それからは毎週金曜日、その週に教室でやったプリントや、親に向けてのプリントを持ち帰ってきた。それには今後の学校の方針だとか、来週必要なものは何かというような担任からの連絡も書かれているので、見逃さないよう真剣に読む。アメリカの小学校（以後

「現地校」）は、土日が休み。金曜の放課後はホームワークもないし母子ともにリラックスムードがただよう。

ところが長男は日本人。土曜日に日本語の勉強のため補習校へ行かなければならない。毎週土曜にだされる補習校の宿題をやり終えてなければ、金曜の夜は大あわて。日本人はホント大変だ。

現地校で驚いたのが、スナックタイムという時間。朝十時頃、教室内でおやつを食べる。低学年だけにそういう時間がある。ここの学校では年度始めに、おやつを親たちが持ち寄るための担当日を決めてる、ということだった。担当日にはクラス全員のおやつを持って行き、それを先生や子どもたちが分け合って食べる。

チョコチップクッキー二枚とオレンジジュースのように簡単なものでいい。それを食べたあと、二十分くらいの中休みに入る。朝食を食べてこない子も多いことから、栄養補給の意味もあるらしかった。子どもたちにはとにかくうれしい時間。学校でお菓子食べられるなんてなあ。

現地校には日本でいう「体育」らしい体育の授業はない。外でボール遊び……かと思って見ていたら、それは遊んでたんじゃなくて、いちおうＰＥ（アメリカでいうところの体育）時間だということだった。どうみたって体育らしくない。マット運動や鉄棒、跳び箱なんていうのもない。日本人が帰国して日本の学校で困ることは、これらの経験がないことだとか。

長男ははじめの頃、毎週月曜日に十枚弱のプリントを束ねたものを宿題としてもらって帰ってきた。これを提出日の金曜日までに仕上げなければならない。一、二年生用の、それもＥＬＤ用のプリントなので相当基礎的な英語の問題ばかりだけど、親も苦労するのが、本を読んだ感想を書くプリント。

毎日何分、何の本を読んで、どんな感想かを月、火、水、木曜日分の欄に書けと。日本語ならすぐに書き終わることとも、英文にして書けと言われるとね……。毎日「It was great!」（よかった）ばかりで通用するはずもなく、どう書いたらいいのか辞書を見ながらみんなで悩んで、なんとか書けても次の週に赤ペンで訂正されて戻ってきたりして、親があまり役に立っていないことを痛感する。

ＥＬＤクラスに通いはじめて一カ月。宿題はさらにパワーアップ。表紙に小さい紙がホ

チキスでとめてあり、そこには五つの英単語。これを毎週金曜日にテストするから覚えてきなさい、と。最初から、

February, Because, Sometimes, Sincerely, Beautiful.

意味もよくわかっていない長男には、まず意味を教えるところから始める。さらに宿題のうちの一枚には、この五つの単語を使ってユーモアのある文章を書け、とある。本の感想をひと言ずつ書くのですら大変なのに、文章を、それもユーモアのある文章を書けとは〜っっっ！

二年生の子どもの宿題なのにまるで親の力量を試されているような気になり、みんなでムキになって宿題を仕上げる日々。そのうち要領がよくなって、月、火、水でプリントすべてをやり終え、木、金は安心して友だちと遊べる日に。土曜日の補習校の宿題は、日本語だから子ども一人で土、日で仕上げてもらう。そうやってなんとか一週間をこなしていけるようになった。

三月も後半になると、日本では春休みの時期。でも現地校は通常どおり。日本語補習校は日本の習慣と同じなので、最後の週は春休み。

四月の最初の土曜日は補習校の新学年としての登校日だけど初日からいきなり通常授業が始まる。補習校は日本で一年かけてやる勉強を年間五十日くらいで全部やらなければならないので、時間に余裕がない。一、二年生は午前だけの授業だったのが、三年生からは弁当持参で土曜日なのに夕方四時まで勉強。子どもが休めるのは日曜日のみという生活になる。

補習校は土曜しかないから日本だったらあるはずの音楽や体育の授業までやる時間はなく、国語、算数、理科、社会をひととおりやるだけで精一杯。だけど春に運動会、秋にバザーと古本市の行事が行なわれ、それだけでも日本人としては感激できることだった。

サマーキャンプ

三月後半になると、親同士、いろんな場で夏休みにどう過ごすかの話がもち上がる。だって現地校の夏休みは六月半ばから八月後半まで二カ月間。あちこちで行なわれるサマーキャンプに、子どもを参加させて夏休みを充実させないとただ時間をもてあますことになってしまう。そのサマーキャンプの受け付けが三月後半から始まるため、夏休みの予定をこの時期にたてないと、人気のあるサマーキャンプはアッという間に定員に達してしまい、我が子を参加させられなくなってしまうという。

キャンプといってもテントで寝泊りするわけではなく、ランチ持参で公園に集まってサッカーをするもの、ある施設でお絵描きしてすごすもの、野球やフィールドトリップなど、決まった時間に行って一日すごして帰ってくるものがほとんど。

市の企画のものやＹＭＣＡで行なわれているものなど、選ぶのに迷うくらい種類はある。それぞれに参加費はかかるけど、長い夏休みにいろいろな体験ができたらいいだろうなと思い、うちでもさっそくサマーキャンプ選びが始まった。

ところが、現地校は二カ月丸々休みでも日本語補習校は現地校が夏休みに入ったあと、夏季の日本語補習授業が二週間あるという。おまけに現地校でも、ＥＬＤの生徒だけにむけた補習授業があって、七月一カ月間は、みっちり受けなければならないという。つまり日本人にとって完全フリーの夏休みといえる日は、八月の二週間だけ。そして日本語補習校からは、工作を含め夏休みらしい宿題がちゃんと出る。あらあら、夏休みがどんどん大変になっていく。

そうなるとなおさら限られた自由時間は走りまわって遊ばなきゃだよねというわけで、八月の二週間朝から夕方まで、泳いだり料理をしたり、いろいろな企画で遊び続けるDAYキャンプというのに登録させてもらった。

アメリカに来て二カ月経過。親も子も気持ちに少しだけ余裕が出てきた。まわりからは習いごとの情報が耳に入ってきて、この国にはいろいろな習いごとがあることに気づく。そして日本では考えられないくらいの月謝の安さから、何かやらせておくといいんだろうなと思い始める。

でも手続きに当然英語が必要なわけで、まだそういうことに尻ごみしてしまう。そしてなかなか入らせるきっかけがもてないまま数日がすぎた。そのうち長男が日本でやってた剣道を続けさせられないかと、イエローページの中にきっかけを探し始めた。さがせば意外にあるもんで、週に一度、サンノゼでなら練習できることがわかった。さっそく見学。

アメリカには、仏教徒のためのブッディスト・チャーチと呼ばれる建物がある。その空間は日本そのもの。板の間には書がかけられ、祭壇もある。剣道は板の間で行なわれ、練習する生徒は大人も子どもも、アメリカ人も日本人も韓国人も入り交じり、日系の先生が指導する。英語による剣道指導は聞いてるとちょっと妙だ。だけど練習は真剣でハードだった。定期的に対抗試合も行なわれているらしくアメリカでみっちりと剣道ができるとは思っていなかったから驚きだった。

これで週一度、長男は夜に一時間半の剣道練習が加わることになった。月謝は$10（約千円）。一年後に$20（二千円）になったけど、練習の中身の濃さを考えると安いと思う。

長男の学年間違い

九月からの進級のことを意識し始めた四月。渡米三カ月目。このままいけば、夏休みあけから長男はＥＬＤクラスの三年生。ところが息子は十月生まれだから、本当は二月の時点でもう三年生として転入しておかなければならなかったことを、知り合いから指摘された。

手続きのときに生年月日は書いたから、本来なら先方が気づいて指摘するべきだったのに、指摘を受けなかった私たちは学年間違いに気づかなかった。日本人で英語がわからないから子どもに無理がないよう、あえて学年をひとつ落として手続きしていると思われたのかもしれない。

通っていた現地校Eには一、二年生のELDクラスしかないため、三年生以上になると別の学校の現地校Cへ通わなければならない。でもそこは規模の大きい学校で、宿題もハードだと聞いていたので、たまたま知り合いがふりわけられた別の現地校Mのほうがゆったりしてよさそうだなと思っていた。こうなったら、教育委員会（ディストリクト）に頼んでみよう！

現地校Mなら宿題もそれほどハードじゃなさそうだし、秋から四年生として入ることになっても大丈夫そう。何より、本当なら今の長男が受けているはずの三年生ELDを、この二カ月間受けさせそこねてたんだという、子どもに対する申しわけない気持ちから、すぐディストリクトにメールを出した。「学年をまちがったようなので、新学年から現地校Mへ通わせてもらえるようお願いします」

その返事は、No. 今、長男が通っている学校は三年生以上は現地校Cへ行くことが決まっていて、現地校Mは選択肢にない、と。今、現地校Mに行っている人は、そのとき定員オーバーか何かで特別な事情があっただけだと。おまけに、うちの長男の学年間違いを確認したので、すぐにでも現地校Cへ三年生として通わせるようにとの指示が出された。すぐにったって、こっちも心の準備ができてないし、現地校Cに行くことになるならまちがったままの流れで九月から三年生でいいと思っていたのに、なんだか思わぬ展開になってしまった。

　現地校Cの様子を知っているお母さん方からは、こうなったら早めに現地校Cの三年生ELDに慣れさせたほうが、秋から四年生ELDの勉強の大変さに泣かずにすむかも……とアドバイスが入る。まあ、子どもにしてみれば、移動が一カ月延びれば慣れるのも一カ月遅くなるわけだし、とりあえず、現地校Eの二年生の生活も少しは経験できたということで、前向きに考えていくしかない。

　友だちもできて楽しみ始めた長男にとっては辛いこと。でも、転校は年相応の勉強をするためには仕方がないことだった。

長男、いきなりの転校

　渡米してほんの二カ月しか二年生ELDを経験できなかった長男は、こうして現地校Cの三年生ELDクラスに転校することになった。

　ここでは毎日二、三枚ずつのプリントを宿題としてもらってきた。一週間分がどかんと束になってないというだけで、少し気が軽くなるから不思議。でもさすが三年生。内容がそれまでとは全然違った。$98.50×5などのかけ算の筆算プリントや、上の文と同じ意味をもつ英単語がある文章を、四択でマークさせるプリントなど。

通い始めて数日後、うちの子が不満そうに言った。「スナックタイムがないんだよ！」。三年生は低学年じゃないからね……。

アメリカの小学校は、日本と違って授業参観がない。その代わり、一年間の子どもの作品や勉強の成果、授業風景を撮った写真などがクラス内に飾られて、それを見ながら気軽に担任と話せる、OPEN HOUSE（学校公開の日）が年度末の五月にある。

夜七時から家族みんなで学校へ出かけて、子どもや担任にクラスの備品や作品のことを聞きながら見学。親にとっても珍しいものだらけで、長男のクラスを見ただけで一時間たってしまったくらい、興味深いものだった。アメリカ国歌を含む七曲の英語曲を、英語を母国語としないＥＬＤの子どもたちが歌詞を見ながら歌えるようになっていた。それも感動。

六月。転校してたった二カ月で長男は三年生ＥＬＤもうすぐ終わりという学年末。

でも日本人として日本語補習校ではまだ三年生の一学期。現地校Ｃのほうの勉強だけが八月からの四年生進級に向けて、だんだんとむずかしくなっていく。持ち帰ってくる宿題のプリントには、親でも理解できない文章問題が並んでいて、親もイライラ。

子どもは英語がわからないのにやらなきゃいけない、というジレンマに苦しみ、半べソをかきながらプリントの空白を埋めるのに、夜九時すぎまで机に向かう毎日。アメリカでのびのびしようと思っていたのに、これじゃ日本にいたときよりハードだし、まるで受験生だなあ、という光景。これだけの勉強量をこなすんだから、こっちにいる日本人の子は精神的に鍛えられそうだ。あとで楽になるといいねえ……。見ているこちらが願わずにいられない。

現地校の学年末には、フィールドトリップ（遠足）が学年ごとに行なわれた。三年生ＥＬＤは、歩いて十分くらいのところにあるファイヤーステーション（消防署）見学だった。何人かは消防服を着せてもらったらしい。正味一時間の遠足。こういう簡単な遠足でも、その二週間前になると一枚のプリントが家庭に配られる。それは誓約書。

まず、フィールドトリップに参加する、しないを決めてサインする欄があり「参加する場合は、トリップによってケガをしたり、トラブルがあったり、はたまた死に至ることがあろうとも、ディストリクトを訴えないことを誓います」ということがサイン欄の下に記されてた。

死に至るなんて、そこまで書くか？　普通。一瞬、参加させることをためらっちゃうよ。でもこの国は契約社会。とりあえず何ごとにも契約が前提となる。訴えられたらかなわない、ということなんだろうね。

次男のプレスクール

二月に渡米したときに四歳だった次男は、半年後にキンダーガーテン（小学校内の幼稚園）に入れることは年齢的に決まってた。だが、それまでの半年間、私が次男の相手をして一日中すごすことなんか考えられないし、次男にしても、アメリカのことがよくわからないまま喜んで秋からキンダーガーテンに通えるとも思えない。そこで環境に慣れさせるため、プレスクールという保育園に行かせることにした。日本で幼稚園の年少児だったのが、また保育園児に逆戻り。

入園手続きの書類には〝クロールしたのはいつですか〟など、？？？と思う単語が山積み。クロールはハイハイのこと。母子手帳を見つつ辞書を見つつの解読。ランチは、ホットランチ（給食）を頼むなら一カ月$60（六千円）プラス。月の保育料はこの園は四歳児で$660（約七万円）。日本と比べるとかなり高いけど、よそは月の保育料が$1000（十万円）のところもざらだった。

着替えやお絵描きスモッグは常時置かせてもらうことになっていて、朝七時半からなら何時に登園してもいいと言われた。連れてきた人のサインと時間を書きこんで、子どもをそれぞれの部屋に送ればバイバイ。

迎えは夕方六時までの何時に来てもいい（かなり大ざっぱ）というので、初日は三時に行ってみた。記念すべき登園初日はバレンタインデーで、朝からパーティ。わけもわからず紙袋を受け取ってチョコやケーキやカードをたくさんもらい、おなかいっぱい食べて一日を終えた次男。楽しかったらしい。

はじめはホットランチを頼んでたけど、少し慣れてきたあたりから次男がコールドランチ（弁当）を持っていきたいと言いだした。子どもたちはコールドランチを、アルミやプラスチック製の四角いランチボックスに入れて持ってきていた。店でビニール製の少しクッションが入って保冷してくれそうな、中に水筒やポテトチップ入れまでついた手さげかばんを見つけたので、それを買ってもたせることにした。

昼食に、まわりの子は毎日何を持ってきてる？　と聞いても、「サンドイッチとフルーツ」としか答えない次男。信じられないことに、ほんとに毎日同じランチを持ってくる子がほとんどだった。次男の弁当はおにぎり、卵焼き、ウインナー、ブロッコリー、いちご、と日本のお弁当そのまんまで持たせてみた。結果、別に違和感もなく、みんなそれぞれのランチを食べて終わったようだった。

おやつ時間に、幼児のおやつとして、生のニンジンのスティックにピーナッツバターをつけて食べるというのはアメリカでは定番らしく、ポテトチップ、ポップコーンもよく登場。カリフォルニアという土地柄、フルーツの出番も多かった。

ランチは雨の日以外は外のテーブルで食べ、毎日がピクニックのよう。こぼしても掃除の手間がいらない、という理由もあるみたい。

ランチのあとはお昼寝。布団（マット）を敷き、カーテンを閉めきって寝かすのはよくある光景。ただ、考えてみればそこは土足で走りまわっている部屋。そして、寝てる子どもたちの足には靴が！　ええ～っと思うのは日本人だけか。

アメリカ人は、いつ靴を脱ぐのかな。家の中にも土足のまま入って、食事もそのまま椅子にすわって始まる。シャワーを浴びるとき？　浴びたらあがるときにまたはくの？　もしかしてベッドに入る瞬間だけ靴から解放されるのか。この様子じゃ寝るときもはいてそうだよね。

お昼寝のあとは、迎えに行く時間によって外で遊んでいたり、ビデオを見ていたり、部屋のあちこちで好き勝手に遊んでいたり。そしてそれぞれの名前の棚には、その日につくった各自の作品がはさんであって、それを毎日持ち帰ることになる。アルファベットの練習をした紙や、絵の具を塗りたくった画用紙や、ぬり絵みたいな紙など。

次男は日本人以外の子を「英語の人」、日本人の子を「日本語の人」と呼んだ。はじめの頃は、「日本語の人と遊んだよ」と、一日の報告をする日が続いた。でも二カ月近くたつと「今日は英語の人と少し遊んだよ」という日も増えてきた。夕方迎えに行って息子を探すと、隅っこのほうで金髪の子とパズルをしていて、帰ろうかと私が声をかけると、その子に向かって「バーイ！」と元気に言い、その子も「バーイ！」と息子に声をかけてくれた。毎日会って長い時間をすごしているうちに、言葉や外見の違いはどうでもよくなったようだった。

ある日「おかーさん、シッダン知ってるよ。座ればいいの」と得意げに言ってきた。「あとねえ、先生が名前呼んだら、ヒヤって言うの」。「Sit Down」と「Here」のこと。子どもは耳から覚えるから、発音もアクセントもネイティブに近い。これなら英語の心配はしなくても大丈夫。それより親のテキトーな日本語会話を聞いて、子どもの日本語が変にならないように気を配ったほうがいいのかも。でも、丁寧に日本語しゃべるのって、案外むずかしいね。

プレスクールに入って二カ月半がすぎた頃、次男が何かをとなえだした。なんのこっちゃ、私は何度聞いてもわからない。「いつもみんなで言うの」というそれは、アメリカ国民ならみんな言えるはずの忠誠の誓い。国旗に向かい、右手を胸にあてて、長い誓いを言うことは本でも読んで知ってはいたけど、プレスクールでもやってたとはね。

次男はプレスクールで毎朝聞いていて、意味もわからずそのまま聞き覚えで口に出して言うようになってた。だからところどころの発音がとてもうまい。「アメリカ」を「ォメァリカ」と言い、最後の「フォーアー」のところでは、口の奥で舌を巻いて「フォーオーゥ」と発音する。うちではみんな、この次男に忠誠の誓いを教わった。

キンダーガーテンの面接

プレスクールに通う四、五歳児は、八月末から入園するキンダーガーテンの面接を春に受ける。面接は、二十分ずつ区切られて行なわれた。子どもだけ個室に連れていかれ、キンダーの先生と面談。その間親には〝キンダーに入ったら、子どもにどんなことを期待するか〟というような質問がいくつか書かれた紙が渡され、悩みつつ書いた。後で親も個室に呼ばれ、面談の印象を教えてくれたり、子どものふだんの言葉は英語か日本語かなど確認された。親のほうも、クラス編成はどうなるのかとか、八月までにやっておくことはあるかなど、聞きたいことを聞けるだけ聞いた。

現地校Eのキンダーガーテンは、午前八時半頃から昼前までのクラスと、十時半頃から二時半頃までのクラスに分けられる。いろいろな国の子をバランスよくクラス分けするために、どっちの時間帯のクラスが希望と言っても、あまり聞き入れてもらえない。どっちのクラスに決まったのかを知るのは、八月の入園真近。それが決まらないと、親の方も秋からの予定が立てづらいし、なんだか夏のあいだ中落ち着かない。

そういえば二月にキンダーの手続きをしたとき、夏のあいだにやっておいてもらいたいことが書かれたプリントをもらった。

その数三十項目！　洋服は自分で着られるようにとか、お話を静かに聞けるようになっておきましょう、というものもあれば、一日一回は親がお話を読み聞かせ「ここは、あなたならどう思う？」というふうに、本人の考えを導き出せるような声かけを心がけましょうとか、これをやったら次にそれをするというふうに、自分のやることを二つ以上、自分で順序だてて行動できるように、親が先に手出しをしないようにしましょうなど、次男だけでなく、長男にも使えそうな親の心がまえが書かれてあった。

こういう中で育っていくから、アメリカの子どもたちは自立しているのかもしれないなあと感じたけど、幼児に要求するものがやや多すぎない？、と感じたのも事実。

プレスクールの卒園式

次男は六月下旬にプレスクールの卒園式を迎えた。親が出席できるようにとの配慮から、夕方六時からの式。

当日の保育室は華やかに飾りつけられた。奥に親たちが座るスペース。穏やかなアメリカ音楽にあわせて子どもたちが一人ずつ入場するのを見守った。

最初はディレクターの話。次に忠誠の誓い。親子とも立って言う。ふだん練習していた歌も二曲、子どもたちは歌った。最後に手づくりの卒園証を担任の先生から一人ずつに手渡し。受け取った子どもは「サンキュー」と言って握手をする。この動作は、少し前から保育時間中にみんなで練習していたようだ。

こちらの親は、自分の子どもの出番になると口笛をピーピー鳴らし、立って大拍手。すごい盛り上げよう。とても素直で無邪気。うれしさがダイレクトに伝わってくるので、ほほえましく映る。

全員が卒園証を受け取った後で先生が「これで、この子たちはキンダーガーテンに行く準備ができました！」と英語で叫ぶと、親も先生も子どもたちも拍手喝采&口笛で、そりゃもう大喜び状態。

式が終わるとみんな園庭に出て、担任やクラスメートと写真を撮ってワイワイすごす。先生方は大きいケーキを切り分けて紙皿に盛り、フォークを添えて欲しい人に配ってくれた。ジュースも飲みたい人のためにたくさん用意されていた。

プレスクールの卒園式

今日だけはきちんとした服装でいた子どもたちも、いつもどおり砂遊びはするわ、アスレチックによじ登るわで泥んこ。中にキャンディがいっぱい詰まった紙製のピニャータを順に棒で叩いて、破れるといっせいに群がって子どもたちはキャンディのとり合いっこ。

担任の先生三人からは、卒園児たちにちょっとしたプレゼントが渡された。次男はある先生からメッセージカードときれいな石が封筒に入ったものを、別の先生からはミニカーを、もう一人の先生からは鉛筆二本と消しゴムの入った袋をいただいて感激した。

こういう年度末には、親のほうもお世話になった担任の先生たちに、感謝の気持ちを個人的にプレゼントであらわすのがアメリカでは普通。日本人以外の親たちは花束や鉢植えなどをちゃんと用意してきてて、先生たちにプレゼントしていた。日本だと先生に対する贈り物はしちゃいけないとか先生も受け取れないとか、一人がやると他の人もやらなくちゃということになってしまうからよくない、とかの意見もあってプレゼントしたくてもしづらいけどアメリカではそのへんの気持ちの表現がとても素直。

日本人は贈り物について大げさに考えすぎなのかもしれない。近所のスーパーで$3（約三百円）ぐらいで売られてるような小さな花一本でも、「ありがとう」の感謝の言葉を添えてプレゼントされたら、先生もきっとうれしいに違いない。

卒園はしたものの、夏の間は引き続き登園してかまわなかったので、次男は八月の終わり近くまで通わせてもらった。次男の五歳の誕生日、私はカップケーキを園の子どもたちに持って行った。先生はドアの前に次男の名前を貼り、「今日はこの子のバースデー」と飾ってくれた。そしておやつの時間にカップケーキを配って、次男のために誕生会をしてくれたようだった。

登園最終日。感謝の気持ちとして、園の子たちみんなで見られるように絵本を一冊寄付した。先生方は次男を抱きしめ、「キンダーでがんばってね」と見送ってくれた。

プレスクールに半年だけでも通って遊んだことで、次男は英語にもアメリカ人にもずいぶん慣れることができた。

クパティノの生活

クパティノは便利な街で、日本食材店、中華食材店、図書館、公園、だいたいのものがそろってた。

はじめは近所の探険ばかり。久しぶりのアメリカの味は七年前に比べるとぐっと良くなってた。近くの日本人向けパン屋には、カレーパンや焼きそばパンまで並んでた。

不都合なのは水。水道水は飲まない方がいいからいつも買いに行くことになって重かった。買い物の支払いは七年前はどこでもチェック払いだったのに、今じゃほとんどATMカードで済む。渡米直後はカードの使い方がよくわからなくてレジのところは夫任せにしてたけど、自分用のカードができあがってしまい、支払いを毎度夫任せにもしてられなくなって勇気をだして一人で買物の支払いもするようになった。夫の車と私の車を手にいれて、夫は会社へ、私は子どもの送り迎え、と一日が機能してくると、何もしないで家にいちゃまずいような気にもなってくる。

アパートは入居後もまだ改装工事中。外壁のペンキ塗り、車庫づくりと、まだまだアパートとしては未完成。工事のおじさんたちはメキシカンが多く、お国柄マイペースにのんびりお仕事。全然はかどらない。

一カ月も経つと息子の方は友だちをつくって遊びに行かせてもらうようになり、勉強もそれらしくなってきた。私のほうも母親同士の情報交換の時間が、夫は仕事に専念できる時間がもてるようになってきて、そのあたりから少しずついろんなことに好奇心がわきはじめる。


（日記から）三月四日。隣に住むインド人一家をお茶に招待。

日本のほうじ茶を出してみたら、砂糖は入れないのかと聞かれた。ようかんをつくって出してみたら、インドにも似たようなものがあると言う。おかきも気に入ってくれたみたい。宗教は何かと聞かれて一瞬つまった。とりあえず仏教と答えたけど、クリスマスはパーティをするし、日本人はつくづくおかしな国民。

クパティノには英語の上手なインド人が多い。どうして英語が話せるのか聞いてみると、インドでは幼稚園の頃から英語を習うとのこと。だから日常会話も英語になってきているという。昔ながらのヒンディー語を話す人はもう少ないのだそう。英語ができて数学力もあるインド人の賢さがアメリカで認められたんだな。現在、アメリカの企業にヘッドハンティングされて活躍しているインド人がこんなにいることを、日本にいたときは全然知らなかった。

新しい生活環境での最大の楽しみは、ショッピングやおいしい食べ物屋さんとの出会い。まずは韓国店が集まるエリアへ行ってみた。食べ放題の韓国焼き肉は感動もの。韓国食料品店「HANKOOK」も探険。魚やキムチ材料もそろってた。韓国版のチョコパイの箱には、「情」の名前が。なぜ「情」？　とにかくハングル文字の合間に漢字が見え隠れして、韓国食材店はなかなか楽しい店だ。

三月のある日、友人になったMさんとランチへ。とりあえず最初なので、わりと評判のいい和食の店「みやけ」に行ってみた。天丼が$5しないなんて安すぎる！　大好きなえび天は二尾のっかってるし店員さんはとっても親切だし、味噌汁もおいしいしこりゃ幸せだ。

中国系ショッピングモール「クパティノビレッジ」へも行ってみた。カフェにあった、巨大な黒タピオカがごろごろ入った飲み物をさっそく注文。容器の三分の一近くをうめる、真っ黒なビー玉のようなタピオカ。太いストローで飲むと、その玉がぼろんっと口の中に入ってくる。くにくにと噛んでは飲む、噛んでは飲むをくり返しているうちに満腹。どの店も中国語。ここは英語より理解しづらい文字だらけ。

三月の終わり頃、七年ぶりに昔一年間住んだ懐かしのPalo Alto（パロアルト）へ行ってみた。目的は夫の誕生日のためのスペシャルなケーキを買うこと。スタンフォードショッピングセンターは七年前は一歳の長男とすごす散歩空間だった。

ハイウェイを使わなくても、クパティノから三十分で行ける。スタンフォード大学内のブックセンターでの絵本の立ち読みもまた楽しい。敷地内を車で移動すると大学内には新しい道路ができていて、七年の月日を実感する。

Palo Altoには、大きい木がたくさん生い茂ってる。住んでいたときはそんなに気にならなかったんだけど、クパティノに住むとそれがよくわかる。ショッピングセンター中央のパン屋「ラ・バゲット」で、チョコのデコレーションケーキを買って帰宅。ここのおいしいのを食べると、よそでは買えなくなってしまう。

この時期スーパーへ行くと気になっていたのが、野菜売り場にゴロゴロしてたアーティチョーク。そのどこから手をつけたらいいのかわからない形。勇気を出して買ってみた。この物体をどうやったらおいしく食べられるのかわからないまま、とりあえず丸茹で。二十分茹でたところで湯が緑色に。キョーレツなニオイ。茹でこぼしてから、もう一回たっぷりの湯でよくわからないまま四十分ほど茹でた。

水の中にいれて放っておいたら、チューリップの花びらがはらはら落ちるように、外側の葉がはがれてきた。はがれるまま、ぐるり三回りほどはがしてみる。テレビでは、はがしたものもかじっていたなあ。とりあえずかじってみたら苦いし筋っぽくてパス。でも、中に近づくにつれ軟らかくなってきて、ジャガイモのようなサトイモのような味がするから、刻んでグラタンにしてみた。穂先はまるでゆで筍のようなので、味噌汁に筍もどきという ことで入れてみることにする。

そのグラタンは、意外なことに子どもが「おかわり、ないの?」と聞いてきた。でも別にアーティチョークじゃなくても、ジャガイモだって代わりは務まるわけで、どうしても使わなきゃならないものでもない気もする。なぜこんなものがメジャーな食べ物なのか、やっぱり謎だ。ちなみにアーティチョーク&ワカメ入り味噌汁は、言わなきゃ筍の味噌汁として通用しそうなくらい完璧だった。これはいいかも。ちょうど筍の季節。

後日なにげに読んだ本にアーティチョークのことが詳しく書かれてあった。朝鮮あざみという日本名がついていて、ヨーロッパ生まれのキク科の植物。三浦半島でも栽培されるようになり、旬は五月から六月。レモンをふりかけて三十分塩ゆでし、バターソースやオランデーズソースをつけて食べる、とあった。


ある日、息子の好きな『トイストーリー』のアニメが、朝七時から放送と書いてあったのをみつけた。私も一緒に早起きして44チャンネルにして待った。でもいっこうに始まる気配なし。前も他のチャンネルの番組が、予定より三十分遅れて始まったりして、テレビ欄はあまりあてにならないから……とあきらめかけた頃、夫が起きてきて「クパティノは、チャンネル数が違うんだぞ」とあわてて12チャンネルに。そこにはしっかりバズがいて、残り五分のアニメをむなしく見た息子。そういうことは、早く教えてよ。

そんなこんなではじめは見たいテレビを見るのも大変だったけど、そのうち好きな番組の録画もできるようになった。大活躍したのがティーボ(TiVo)。テープを使わずに、テレビ番組を録画できる優れもの。

いくつかの番組を録画すると、ティーボが好みを覚えていてくれて、おすすめ番組を勝手に録画し続ける。たまっても、残しておきたいと指示した番組以外は、古い順から勝手に消えていくので心配なし。全部で三十時間まで録画可能。ただしアメリカのみの販売品。

母の大学生日記一　～はじめの手続きとSINGING class～

一回目の渡米は英会話をあまりしないうちに帰国になった。だから私の英会話力は初心者も同然。今度こそ早く英会話ができるようになりたいと、はじめから気持ちは焦り気味だった。こちらへ来て約一カ月。だいぶ生活にも慣れた三月のある日、近くのDe Anza Collegeへ、英語クラスに入るためのテストを受けに行くことにした。

渡された紙にまず名前を。あれ？　ファーストネームってどっちだっけ？　そんなことすらわかってない自分。最初の三十分は「英語上達のための方法」というテーマで、作文を書けという。そのあとでマークシートテスト。とりあえずテストを受けて提出できたということで、満足に帰宅。

翌日、大学にテストの結果を聞く。といっても私には電話でたずねることなど無理なので、夫に聞いてもらう。このあとの手続きとしては、とりたい授業を選べばいいという。あれもこれもと選んで書き出してから、授業料を調べてみると滞在一年未満の人は普通の人の三、四倍の額になるとのこと。計算してみたら……うわっ！　ああ、また選び直しだ。


登録日。

夫に頼んで取りたい授業の登録をWebで開始。ところが第一目的のＥＳＬクラスがどこもも受け付けていなかった。De Anzaの生徒が優先なのは仕方がないにしても、ひとつくらい空きがあってもいいんじゃないの？

悔しいから、体育のJAZZ DANCEクラスと、音楽のSINGINGクラスを登録。結局来週から体育と音楽をしに大学へ行くことになってしまった。先生がしゃべる英語を聞いて、ヒアリングでも鍛えてくるか。


（日記から）四月十日。

第一回めのSINGINGクラス。MUSIC31というホールへ。時間前に来た生徒は四人。授業が始まってからぽつぽつと増え、先生も生徒が遅れてきたって別に珍しいことでもないように、平然と話し続ける。結局十五人になった。途中からピアノのまわりにみんなを集め、立ち方と腹からの発声の仕方の指導が始まった。

こんなふうに歌うのは十三年ぶり。でもイタリア語の歌だ。来週持ってくるものの説明だけは聞き逃せないと思い先生に英語があまりわからないと伝えると、練習に必要なCDはここで買えるよと、その部屋まで連れていってくれた。CD $10。これを聴いて歌えるようになれということか。大学内のBOOK STOREで二冊のTEXTを買って、いったん帰宅。SINGINGは今後五回のテストと、みんなの前でソロで三回歌うテストがあるという。でも先生がやさしいからついていくことにした。

（日記から）四月十二日。

二回目のSINGINGの授業。九時半からの授業なのに、九時二十分頃行ってみたら誰もいない。九時半前に先生と三人の生徒が入ってきた。そして発声練習が始まり、その後、悪びれた様子も申しわけなさそうな態度もなく、ぞろぞろと遅刻生徒が十一人。

イタリアのカンツォーネは、言葉の意味がわかんないけど歌うには気持ちいい。先生の指示どおりみんなが歌うと「ソービューティフル！」「グレイト！」などと、大げさすぎるほどほめてくれる。人間、ほめられるとやる気が出るもの。さらにみんなはりきって声が大きくなっていく。

（日記から）四月十七日。
一週間後にソロで歌うテストがあって、一曲丸暗記を先生から命じられた。車の中でも歩いていても、カンツォーネをぶつぶつ口ずさむ。

（日記から）四月二十六日。
イタリアンソングを一人で歌うテスト。息が続かなくて変なところで息継ぎをしてしまったけど、先生はあいかわらず「グレイトジョブ！」「エクセレント！」とか言ってほめてくれる。

（日記から）五月三日。
来週のTerminology（用語法）の筆記試験（テストではなく、こっちはクイズとよぶ）の説明が。音の強弱（フォルテとかクレッシェンドとか）、テンポ（アンダンテとかアテンポとか）、五線譜に書かれている記号などの意味を書けるようにしておかなくちゃ。

単純に数えても二十七種類か。そしてふだんから先生が言う、歌うときの立ち姿勢についても、文章で書かなければならないらしい。言っていることは理解できてるし、どう書けばいいのかも頭の中ではわかっている。ただ当たり前だけど、それを全部英語でとなると、とたんにものすごく大変な仕事と化してしまう。

先生に書いてもらってそのまま覚えちゃおうと思い、書いてくださいと頼んでみたけど、言ってあげるから自分で書いてごらん、と説明し始められてしまった。とりあえずノートに、聞きとれた単語だけカタカナで書く。帰宅してスペリング調べ。ショルダーアップアンドバック　リブケージリフティドアップ、それからそれから。ショルダーでさえ辞書で確認しないとスペルが書けないなんて……。説明文が完成するのに何時までかかるやら。

（日記から）五月八日。

朝から暑すぎ。一時間半歌いっぱなし。駐車場に止めてある車の中はサウナ。クーラー全開にしても、冷える前にアパートに着いてしまう。まだ五月なのにこれじゃ夏の生活。日焼けはするし、もう大変。

(日記から) 五月十日。

筆記試験は無事終了。先生はさっそく二週間後に控えた、長めのイタリアンソングソロSINGINGについての話を始めた。丸暗記で楽譜を見ないで歌うことになるので、これから毎日歩いているときもキッチンにいるときも、口ずさんで覚えるようにと言われた。ま、とりあえず今日のテストは終わったので解放感。その足で、せっかく学生だしと、学生証をつくりに行った。これで学割を利用しなくちゃね。

(日記から) 五月二十二日。

あさってのイタリアンソングソロテストの練習。ソロでみんなの前で歌うのは、今度で二回目。車を運転しながら大声で歌いつつ帰宅。

(日記から) 五月二十四日。

イタリアンソングソロのテスト。一番目が私。ピアノの横に立ち、歌う曲名と作曲者名を言う。緊張し始めると息がお腹までためられず、胸の呼吸になってしまい、なかなか息が続かない。アガルというのは、深呼吸できない、息があがってしまうところからきているのか。とりあえず歌いきった。

生徒全員が歌い終わり、先生はお疲れさまというふうに全員にSee's Candyを一本ずつくれた。そしてもう六月末の三回目ソロSINGINGテストの話。さらに難しい五曲の中から一曲選んで歌うことになる。でもその前にセオリーの筆記試験。そっちのほうが憂鬱。

(日記から) 六月七日。

最後の筆記試験。習ったことをちゃんとわかっているかどうかをみるための試験、という感じの内容だった。数字を書きこむ質問には自信を持って答えられるんだけど、文章の穴あき問題に入れる文字には苦労。毎回もらうプリントを暗記しておけば簡単に書けたはず。さっとプリント眺めてただけじゃ、書けなくて当たり前か。

(日記から) 六月十四日。

朝から暑かった。今日は最後のソロSINGINGで、各自歌う予定の歌のチェックを先生にしてもらうことになっていた。自分の時間が終われば、今日はそれで帰ってよかったので十分で終了。

（日記から）六月二十四日。

三回目のイタリアンソングソロSINGINGテストの日。そしてSINGING最後の授業。みんな気合を入れて練習してきたはず。大学は最後の授業日に、いつもより十五分早く来るのが通常らしく、先生からも九時十五分に来るように、と前に言われていた。なのに、すっかり忘れていて、いつもどおり九時半到着。まずいなと思いつつ入ってみたら、まだ先生も来てなくてホッとする。

それから十分経過。先生遅いなーと思いつつ二十分、三十分、さすがに五十分たったところでみんな、「確かに、火曜日にテストって言ったよね」と確かめ合い始めた。そして「まさか先生がTuesdayとThursdayを間違えてるってことはないよね！」と冗談を言いながら一時間経過。

一人の男の子がインターフォンで他の先生に連絡をとり、担任に連絡をとってもらった。すると本当にTuesdayとThursdayを間違えていた先生が、一時間半後に申しわけなさそうにやってきた。残り三十分で全員のテスト。そして、いつものようにキャンディを配り、これからも歌のレッスンを続けてくださいというようなことを言って、SINGING classは終了した。

母の大学生日記二　～JAZZ DANCE class～

（日記から）四月十三日。

第一回目。時間前にほとんどの生徒が集合。ところが髪を後ろでひとつに束ねた五十代くらいの男の先生が、二十分ほど遅刻。ジャズダンスとは何かを一時間ほど説明される。私が聞き取れたのは、ファンキーな騒がしいダンスじゃなくて、Very Cool Danceだということを強調してた部分だけ。最後の三十分は生徒の自己紹介。とりあえず言っておかねばと、英語がまだよくわからないことをみんなと先生に伝えた。日本人の生徒がもう一人いて、その人は英会話ができるようなので、私をhelpしてやってくれ、と先生が頼んでくれた。ああ、心強い。これでこの授業はついていけそう。

（日記から）四月二十日。

実際にジャズに合わせて動くのは、みんな今日が初めてのはずなのに、スタイルが良すぎるせいか、なんだかみんなカッコいい。手の動きも足さばきも、いきなりこんなのを教えるの？　というような高度なものを先生はやらせるので、ついていくのに精一杯。一時間半動きとおし、汗をかいて終了。

長男を預かってくれてるMさん宅へ急がねばと駐車場で車に乗り込もうとしたら、リモコンがきかない。雨がふってきて、仕方なくキーをさしてドアをあけて、さて、と思ったら今度は車が動かないことに気がついた。がーん。そんなときに限って携帯電話は家。幸いコールボックス（公衆電話）発見。ところが夫の電話番号は、携帯にしか覚えさせてないことにまたまた気づく。ががーん。

雨は激しくなり、AAA（トリプルA）に来てもらうにしても駐車場で待ちぼうけはかんべんということで、結局De Anzaからうちまで歩いた。三十分後、汗と雨でぐじゃぐじゃ状態で帰宅。携帯で夫へ電話、と思ったら電池切れ。ががーん。

こうなったらパソコンからメールで連絡。「Mさんちに行くからそっちに電話をして」と、Mさんちの番号をメールに書く。Mさんちで待つ。が、夫から連絡がこない。四時間後にようやく電話が。夫の第一声は「メールに書いてあったMさんちの番号、かけてもかからなかったから、うちに帰って調べてみたら番号違ってたぞ！」。え？　書き間違った？　がががが－ん。明日、新車見てこよう。もう、イヤ。

（日記から）五月十一日。

久しぶりのジャズダンス。まずは体をほぐすためのダンス。スローなテンポでの前屈は毎回きつい。そして必ず、『愛がメラメラ』（by野口五郎）の原曲がかかり、ノリノリの先生を見ながらみんなも鏡で自分のダンスをチェックしつつ真似して踊る。

そしてメインの曲がかかるといきなり高度になって、バレエのように片足で回転しながらステップを踏んでみたり、全員でスタジオの隅から反対側へリズムをとりつつ歩いていってクルッと振り向き、ステップを踏んでからキメのポーズ、とか、まるでミュージカル。でも通しでできると、むちゃむちゃカッコいいダンスなので、もう少しうまくできるようになることを夢みて、今日もひっくり返りそうになりつつ一時間半踊ってきた。

（日記から）五月二十五日。

週に一度、一時間半のジャズダンス。週に一度とはいえ、その時間中フルに動きまわっているので、スローなダンスでもじわじわと汗が出る。準備体操がわりのダンスの中に混じる前屈と腹筋、腕立て伏せ。四月から始めてもうすぐ二カ月もたつなあ、と思いながら帰宅。

そして体脂肪計に乗ってみると、おっ！　授業へ行くたびに体脂肪減ってる？　そういうつもりで始めたわけじゃなかったのに効果が見えると面白い。この授業は脂肪燃焼の時間。

（日記から）六月一日。

ジャズダンスの先生は、どうやらただものじゃなかったらしい。授業の最後に、今日は珍しくテレビを引っぱり出してきてビデオをセット。そしてミュージックビデオ風の番組をみんなで鑑賞。ところどころジャズダンス風なダンスをまじえ、踊り歌っているアメリカ人グループ。

なるほど、完成すればこんなにカッコよく映るんだということを、先生はみんなに見せたいんだろうな、と思ってそれを見ていた。ところがある場面で突然みんなが大ウケ。よく見ると、それはまぎれもなく少し若い頃の先生。いろいろな場面でメインの人の後ろで踊りまくっている。大観衆の前のステージ上で踊り、拍手喝采とフラッシュを浴びている。そういう人だったのか。そんな人から直々にジャズダンスを教わっている私。今日のレッスンも高度なダンスが加わり汗ダラダラだったけど、これって二度とできない経験かもしれない。

（日記から）六月八日。
ジャズダンスはさらにむずかしい小技が加わり、もうついてゆけないぎりぎりのレベルにまで達している。来週水曜日の夜に行なわれるらしい、ステージ上でのパフォーマンスのためだ。でも夜は家をあけるわけにもいかないので、さすがにそれには出られそうにない。クラスでひとり三十代の私。ここまでついてきただけでも偉かったと思う。

英会話上達のために

（日記から）四月二十三日。渡米二カ月半。

すがる思いで私と友人MさんはSunny vale（サニーベール）にある英会話教室「VANTAGE」を訪ねてみた。話を聞くだけのつもりだったのにすぐ体験レッスンになだれこむ。まず先生から「英語で好きなように自己紹介を」と言われ、知っている単語をつなげて話す。その後パソコンの子ども用のソフトを使用。子ども用の短い文章なのに、普通の文章を聞きとってしゃべるのは難しい。

スムーズにはこなせないけど、くり返し聞いているうちアニメキャラクターが英語で言っていることがちょっとずつ聞きとれるようになり、口に出すことで意味も理解できるようになるから不思議。先生のアドバイスもわかりやすい。文章を覚える宿題を毎回出すらしく少し大変そうだけど、続けたらかなり上達しそうな期待もあって、入会することにした。入会金$50、先生一人対生徒二人のレッスンのかたちでレッスン一時間一人あたり$25。

初めて渡された暗記宿題のプリントは手紙文。キャロラインがチャールズにあてた手紙で、引っ越した先のアパートがとても快適で、アイムベリーハッピーだというようなことが書いてある。二階の女性はリアリーナイスで、ラブテクニシャンだと思う、と書いてある。ラブテクニシャン？　一瞬違う方向へいきかけた。このラブはLab。ラボラトリーの略かぁ。ああ、びっくりした。

（日記から）五月十六日。

集中して覚えた長文。今回は食べ物系の英語を使った文だったので、楽しく勉強。欠陥車をLEMON CAR、愚かはNUTS、わずかな金額をPEANUTS、気が狂うのはGO BANANAS、ステキな人だと表現するときにはPEACHを使う。こういうことを、日本の英語の時間に教わりたかったんだけどな。

（日記から）五月二十三日。

今回はアメリカで最初に会話するときのネタについて。仕事のポジションや趣味、住んでいるところを聞いたりするのが一般的で、宗教、政治話はタブーらしい。お互い親しくなってから、宗教のことを聞くのは悪くはないということ。

日本人は外国人に比べると、それほど宗教心は深くないし、どちらかといえば仏教徒かしら、みたいな感じだけど、無宗教と答えると、アメリカでは変な人と思われてしまうらしい。無難なところで、ブディストと答えておいたほうがいい、とアドバイスを受ける。

（日記から）六月四日。

地図を見ながら、今自分がいる場所からある地点までの、道のたずね方と教え方。エクスキューズミー、マアムの声かけから練習。D地点に行きたい、どう行けばいいですか。答える側は、この道をまっすぐ行ってなんとか通りをターンレフト、それから二ブロック行ったところでターンライトすれば、D地点を見ることができます、というふうに説明。でも、この地図はなぜかアルゼンチンの街の地図。通りの名前がいちいちむずかしい。

（日記から）六月六日。

もののたずね方や返事の仕方を学ぶ。アメリカでは「これは好き？」と聞かれたら「アイ・ラブ・イット！」と大げさすぎるくらいに答えて、日本人にはちょうどいいんだとか。確かに、日本人は相づちの仕方があいまいだもんね。

（日記から）六月十一日。

「〜してほしいんだけど」とか、「〜してもらえますか」とか、相手に話しかけるときの言い方いろいろ。Can you Please〜はくだけた言い方で、Could you〜は丁寧な言い方なんだって。じゃ、Would you〜は？　どっちも同じように使っていい、と先生は言う。

このころ私はだいぶレッスンにも慣れてきてたが友人Mさんは暗記が好きになれずレッスンはやめることに。私はその後教室で出会う別の相方Oさんとともに結局二年もここでレッスンを続けさせてもらうことになろうとは……。

美容院と床屋

渡米してしばらくで、どうにも髪がうっとうしくなり、買い物がてらスーパーの隣にあった中国系の美容院へ。平日は予約はいらないと言うから、すぐやってもらうことにした。どんなふうにしたいのかと聞くので、looks like you と答えた。シャンプーはどうする？の問いにはI want. Pleaseでわかってもらえた。英語なんて伝えたい気持ちと身振り手振りでどうにでもなるもの。

シャンプーの仕方は日本と同じ仰向けスタイル。洗い方はとってもパワフル。強力なシャワーでドワーッと洗い、タオルをばばっと巻きつけられて次の席へ。カットもスピーディ。

はさみ使いも素早いけど、前髪なんかカッターで三回ザザザッと削いだらもう終わり。髪の色を少し明るくしたら？ と言われ、またPleaseでやってもらうことにした。

ところが。ビニール製の、まるで赤ちゃんがかぶるようなビニール帽子をかぶせられてしまう。あごの下でひもを蝶結びにされおどろいてすっかり固まってたら、えんぴつサイズのカギ針のようなものを、そのビニール帽の上から突き刺してきた。で、中から髪の束を少しずつひき抜いている。そうか。全体を染めるんじゃないんだ！ 最後にはハゲ頭から毛の束がヒョロリヒョロリとあちこちから飛び出しているような、なんとも情けない状態になった。

それからやっとそこに毛染め剤を塗り始め、また別の席に移動。ヒーターで頭を温められること二十分。またシャワーでドワーッと洗い流し、いよいよブロー。一体どんな風に……。あら不思議。染めた色も自然、セットも上手。

TOTALで$55。チップを含めて$60（約六千円）の支払い。かなり満足な美容院初体験。

前の渡米時は勇気が出なくて、一度も美容院に行かずぼさぼさ頭だったというのに、今回は早々に心許せる美容院にめぐりあえたおかげで、五月にはもう二度目のヘアカット。ざざっと削いで十分弱でカット終了。

シャンプーを頼まなければ、ドライヤーで乾かしておしまい。これで$15（約千五百円）。夫も床屋初体験。The Hair Cutという店へアポなしで行く。いきなりバリカンで首すじと耳の上あたりの髪をカットし、トップははさみでジャキジャキ切り、最後に小さめのバリカンで整える。首すじについた毛をドライヤーで払い飛ばしておしまい。十分くらいで終わったらしい。

何度か中国系美容院に行ってた私も、半年ほど経つとだんだんその荒っぽさがイヤになってきた。クパティノ生活が終わりに近づいた頃に出合ったロスアルトスの美容院。そこで偶然日本人美容師と知り合い、その後滞在中は彼女のお世話になることに。

車のこと

大学のジャズダンスクラスの帰りに突然車が動かなくなって大変な目にあった翌日、夫と一緒にさっそく車を買いに行った。

そこはエルカミノ沿いの、このへんじゃ知られた名物日本人がいるＨＯＮＤＡのディーラー。ここでは中古でも良いのが買えると評判だ。彼はアメリカ生まれの鹿児島育ちらしい。デスクにはせんべいがあり、まず食べなさいときた。ひっきりなしに彼の携帯に電話がかかり、人気があるのが伝わってくる。

こっちのディーラーは、コーヒーや紅茶もセルフサービスで飲み放題。契約の書類を書き始めたあたりで今度は、「お母さんにむいてもらって食べなさい」と、りんご丸ごととナイフが引き出しから出てきて、息子の横でりんごをむき始める私。書類が多い国なので書き終わるのにも時間がかかるけど身の上話も多く、のんびりした雰囲気の中で契約。

はじめにあわててよそで買った私の中古車がいかに不良品で、整備もろくにされてなかったかということが、今度の新車に乗ってよくわかった。すぐに必要だったから渡米直後にあわてて中古車を買っちゃったんだけど、そこもディーラーは日本人だったし信用してたのになあ。サンフランシスコの、日本人がいる某Sディーラーには要注意。

アメリカでは夫用と妻用の二台の車が必要。生活の必需品というわけで、走行距離がだいぶいっていようが年式が古かろうが、アメリカの中古車はあまり値段が下がらない。あんまり安いものを買うと、今回のように故障してしまうので、借金してでも状態のいい車を買ったほうがいいと思う。

ガソリンは昔からセルフサービス。昔はスタンドのお兄さんに毎回声をかけてから入れる必要があった。それがイヤで、ガソリンを入れるのはいつも夫に任せてた。でも今は車をつけた場所でATMカードやクレジットカードを差しこめば、すぐにガソリンが入れられる。

洗車場もあちこちにあって、車を渡すとベルトコンベアーに乗せられて、数人がかりで中から外からきれいにしてくれる。それを事務所みたいなところで、のんびりと眺めること十五分。最後に車の担当になった人が手に持った雑巾をぶんぶんふりまわして、洗車が終わったことを知らせてくれる。

妻の運転免許取得の手続きは、どの家庭も、先に渡米して経験ずみの夫から教えてもらう場合が多いと思う。まず右側通行に慣れないとね。アメリカは赤信号でも右折は安全を確かめればOK。実際には、DMVというところへ行って$15で筆記試験を受け、それに合格したら、自分ちの車を持ってって実地試験を受けることになる。私は昔パロアルトに住んだときに、必要に迫られてカリフォルニアの運転免許を取得した。

帰国した後、もう用はないと思っていた私のその免許証を夫はずっと日本で保管しておいてくれ再びの今回の渡米でこの免許証がなんだか役立つことになる。昔のその免許証を見せたら、今回の実地試験を免除してもらえた。何でもとっておくもんだねえ。

どっちも大事、現地校と補習校

渡米してきてから毎日やることも出来事も多すぎる。De Anzaで、つかの間の自分の時間を楽しみながら、子どもの送り迎えで明け暮れる毎日。

カリフォルニアは五月にもなるともう夏だ。疲れと連日の暑さにもバテてきた。母の日が近くなり、長男は補習校から《お母さん、ありがとう》の作文の宿題をもち帰ってきた。夕方六時からやり始めて一時間後にのぞいてみると、たった五行。夕食後、続きをやり始めて寝る時間になっても終わらない。母親に対して感謝の心がないのか、あの子は。だんだん情けなくなってくる。

補習校の授業参観。

元気な子どもたちの国語の授業がくりひろげられた後は懇談会。この雰囲気は久しぶりな感じ。運動会のお手伝いをクラスで何人か決めたあと、先生と保護者の自己紹介。滞在三年以上の人が多いようだった。翌週には親睦会が計画されていて、それも公園で。スナック持参でお茶飲みしましょうというもの。健康的だ。

現地校Cの宿題がまだ片づいてなかったある日、夕食の最中に長男が「頭が痛い。フラフラする」と言い出した。そして珍しく「食べられない」と箸を置いた。これは重症だ。そのまま布団に直行して、ばったりと寝てしまった。

思えば長男はアメリカに来てからというもの、毎晩三時間は机に向かって現地校の英語の宿題と闘ってた。それが終わると補習校の宿題をやり、週一回しかない補習校の勉強だけじゃ補えないものを、さらに通信教育で勉強していた。小学三年生なのに受験生並みの勉強時間をよくこなしているなあと思ってたけど、ついに限界らしい。

日本にいればもう少し楽に宿題をこなして、遊ぶ時間だって確保できただろうに。英語ができないと問題の意味もわからないから辞書で調べるのにまず時間がかかって、それから答えをどう書いたらいいのかで悩み……。ストレスは大人以上かもしれない。でも、やるしかないんだよねえ、この国にいるあいだは。親は無力。ただ見守るしかない。

渡米三カ月目の五月。初めて日本語補習校のボランティアをしに行った。翌週に控えた運動会の景品袋詰め。それにしても、これ全部もらえるの？　というくらい豪華な景品だ。ひとセットにしたのを人数分つくり、当日まで二十個ずつ分担で保管しておく、というのがボランティアの役目。

向こうにはお菓子の山が。あれは低学年用か、競技の景品なのか。「今年はすごいねー」という声が、あちこちから聞こえてくる。例年に比べて、その年は豪華らしかった。

補習校は現地の中学校校舎を土曜日だけ借りての運営。運動会の会場だって当日の朝、準備しなくちゃだ。お父さんたちも何人も景品詰めを手伝ってくれてたし、両親総出で協力しなきゃはかどらないというのは、かえって結束が強くなっていいね。心なしか、お父さんたちもちょっと楽しそうだったし、案外、仕事場所以外に出番があるのって、新鮮でうれしいのかも。

運動会当日、生徒は九時半集合といわれていたので九時すぎに到着してみたら、うわっ、グラウンドにはもうパラソルがいっぱい。

こっちは組み立て式のキャンプテーブルと椅子、パラソル持参で運動会にくるのが当たり前。陽ざしが強すぎるからというのもある。前列に陣どっている人たちは、七時すぎにはもう場所とりにきていたらしい。そこまでするかー？　アメリカにいても日本人てのは日本人行動なんだねえ……。

まず校長先生や来賓の一言のあと、ラジオ体操。正しい日本の運動会という感じ。そしてかけっこ。笛の合図でスタートなのがみんなタイミングをはかれないみたいで、フライングする子も多かった。練習なしのぶっつけ本番なこともあり、それでもさっさと進行。全面芝生のグラウンドでの運動会は気もちいい。

練習しなくてもできる競技で進行しているので、午後は綱引きがメインになっていた。まず保護者&先生。一回戦は赤が勝ち。つぎ、場所を移動して二回戦。

ところが突然、綱のまん中で思いっきり切れてしまった。当然、力いっぱい引っ張っていた大人たちは、両側に吹っ飛んでしまい、みなボー然。そこで綱引きは中止。綱引きの綱って切れるものなのか。貴重なものを見てしまった。

次にひかえていた子どもたちは、綱引きの綱がないため急きょ、一、二、三年は玉入れに、四、五、六年は台風の目をすることになった。係の保護者や先生たちは、急な変更のため大忙しでかけまわる。最後にリレーで盛り上がり閉会式。

参加賞をもらって帰宅。三年生の参加賞はというと、クリアケース、メッシュの小物入れ、ステーショナリーセット、ペン、ポケモン金銀カード入りファイル、あんぱん、ミニバウムクーヘン、ぽたぽた焼きせんべい、サラダせんべい、ハイチュウ、キティのメモ帳。地元企業からの寄付がほとんどなんだとか。すごい。日本人全体で支え合う運動会という感じだった。

引っ越し

クパティノに来て半年。本当ならば生活のペースもつかめて余裕が出始めるはずなのに、あわただしい環境に疲れてきてしまった。もともとは、アメリカならではのゆったりした環境の中で、夫はやりたい仕事をし子どもは走りまわり、私は英語に苦労しながらもいろんな人と関わっていくときがあってもいいか、ということで渡米したというのに、小学生のこの忙しさは、それにつき添う親の忙しさは、なに?

自分は忙しくしたくないのに、いやでも耳にはいってくる情報。流れにのらないでおこうとすると、自分の中に生まれる葛藤。ここにいるとどうしてこんなに焦ってしまうのかなあと考えてみた。

それは、クパティノだから。

ここにいるあいだにやれることはやっておこうと日本人はみんな欲張ってがんばってしまう。だって、日本だと高くてできないこともここなら簡単にできるし、物も安く手に入る。今やらなくてどーすんの？　というみんなの勢いがものすごい。

日本人が多いから、その気になればアメリカにいながら日本人とだけ知り合いになり、日本人とだけ情報交換しあって動くことになり、英語がなかなか上達しないから、アメリカにいるのに英会話の学校へ親子ともども通うことになる。

だんだんそういうコミュニティが楽になり、今さらアメリカ人と知り合いになるために動くのもおっくうになってきて……。店が近所のあちこちにある便利でにぎやかすぎる街中に住み続けることにも我が家はだんだん辛くなってきてしまう。

ここはうちが理想としてたアメリカ生活とはちがってたし日本人同士の関わりでの、ごちゃごちゃした面倒くさい出来事やら、この薄暗いアパートとの相性の悪さも重なり、ついに環境を変えることを決心。アメリカらしい所に引っ越すぞ！　アパートのオフィスに、一カ月後に退居することを伝えに行った。

タイミング良く夫の職場のアメリカ人から「引っ越すから家が空くんだけど住まない？」

と声がかかる。それはロスアルトスだという。見に行ってみると、その家の敷地には広い庭があった。ストレスにはマイナスイオンが必要だ。マイナスイオンが多いのは森の中や水しぶきのあるところ。

アパートに住みはじめて半年。アパートの庭のことはガーデナーさんがやってくれるから、自分で水まきなんてしたことなかった。プライベートな庭がなかったこと、緑不足だったこともストレスがたまった原因だったかもしれないと公園のように広がるその庭を見て思った。

七月二十七日の夕方、夫が家のオーナーのところへ契約しに行った。どこかの会社の社長さんらしかった。庶民とは違う生活レベルのようだけど、話しやすい人でよかったよ、と夫は明るく帰ってきた。

となりの街への引っ越しの見積もり。

ある業者は大人三人で出向いて一時間$140（約一万五千円）とのこと。五時間はかかるとみて、計$700（約八万円）くらい。早く終われば安くあがるシステムらしい。ここは電話だけで簡単に見積もり終了。

念のため、もうひとつの業者Tokyo Expressにも見積もりしてもらうと、こちらはきちんと物の量をチェックし、何人の人員が必要かを考えていた。一人一時間$40（約四千円）かかるとみて、一時間五人で$200（約二万円）。この量だと、積み込みだけで軽く三時間、全部終了するのに七時間はかかると計算していた。確かに日本でもトラックに積み込むのに、四人でもけっこう時間がかかったし、それくらいが妥当だろうなあと思いながら、Tokyo Expressさんの話を聞く。

単純計算で$1400（約十五万円）。七時間で終わらせられるよう、貴重品は自分の車で運ぶなどの協力を頼まれる。そりゃ、早く終われば助かるのはこっち。やります、やります！という感じで、きちんと見積もってくれたTokyo EXPRESSさんにお願いした。

電話会社AT&Tに引っ越し先の電話接続を頼むため、夫が電話。まあいつもそうなんだけどAT&Tって事務手続きの手際が悪い。さんざん電話の奥で担当者が変わって、たらいまわしされたあげく、最後には直接窓口に行ったほうが……ということになる。何分も電話で苦労して、夫、疲れきって深いため息……。

引っ越し先のオーナーから電話が入り、「今回あなたたちへのプレゼントとして、花壇をつくっておいたわよ」と言われた。とりあえずジャパニーズが住むということで、歓迎ムードのようだった。よかった、よかった。

アパートですごす最後の日曜日。

秋からのDe Anza College通学生用パーキングシールを車に貼り、やっと秋の準備ができたような気がした。夕方、引っ越し先へカギを受け取りに行く。

壁やドアはほとんど塗り替えてくれ、床や洗面台の汚かったところもとりかえてくれていた。可愛い花がいくつも植えられている花壇の中には、スプリンクラーもすでに設置されていた。築四十五年とは思えないほどに生まれ変わっていてびっくり。期待にこたえてきれいに使わせてもらわなきゃな、とつくづく思う。

八月二十二日。いよいよ引っ越し。

朝九時半。Tokyo Expressさんが荷物の運び出し開始。四人で手際よくアパートの狭い入り口から駐車場のトラックまで運び、一時間半ですべて積み終わったのにはびっくり。巨大なトラックは、ロスアルトスへ出発。積み下ろしも素早く、計三時間もかからず終わってしまった。

丸一日Mさんが息子たちを預かってくれたおかげで、荷解きもずいぶんはかどった。夕方、息子たちを迎えに行き、何もなくなったアパートの部屋へ。最後にシャワーを浴び、がらんとした中でハンバーガーを食べた。

これでこのアパートともお別れだ。

第二章　ロスアルトスで暮らす

アメリカ生活再スタート

二〇〇一年八月。引っ越しがすんでロスアルトス生活が始まった。オーナー（大家さん）がガス業者を連れてきてくれた。ガレージ内にあるガスタンクに種火をつけてもらうのと、ガス乾燥機を使えるようにしてもらうのが目的。ついでにシャワーのほうもみてもらったら、築四十五年のこの家は老朽化してて直さなくちゃならないところだらけ。途中、部品を買いに行ったりなんだりで、終わったのは夕方。

台湾人オーナーとうちの家族はみんな玄関でちゃんと靴を脱ぐんだけど、ガス業者はアメリカ人だからそのまま土足で中に入る。洗面所も風呂場も。そしてその足で庭に出て、その足でまたリビングを通る。当たり前なんだけど慣れない、これればかりは。

新居初めての客はクパティィノの友人Mさん。「必要かと思って」と水と食料を持ってきてくれた。気がきく友人はありがたい。クパティィノはきのうから小学校の新学期だという。ロスアルトスは一週間遅れ。

つかの間のフリータイムを過ごしたあと、子どもの迎えに合わせてMさんは帰って行った。夕方、息子二人とも近所の現地校A（以後Aスクール）への転入が決まった。ああ、よかった。送り迎えも楽になりそうだ。

八月二十七日、ロスアルトスAスクールへの転校初日。新学年新学期。息子たちにとってまた新しい生活が始まった。次男のキンダーガーテンは八時十五分から。4th grade（四年生）になった長男は八時三十分から。送りの親たちでごったがえす学校前。クパティノでの今までの小学校と違って、アジア系の人はほとんど見かけない。ほとんどがアメリカ人のこの学校に来て、ようやくアメリカに来たような感じだ。

ＥＬＤというクラス分けはされてなく、長男はレギュラーの4th graderとしてアメリカ人の子たちと同等のクラスに入った。不安気な様子。次男のキンダーガーテンの方は、いかにも小さい子向けな雰囲気のクラスで、「トイレやカレンダー、机、本の位置などを親子で確認後、Hugして別れましょう」と書いた紙が各机に置いてあった。

いったん帰宅し、初日から持ってこなくちゃならなかったことに朝気づいたランチを長男のためにあわてててつくる。アメリカ人の中で一人、おにぎりは勇気がいるだろうなあとチャーハンの弁当にして、学校の長男のところまで届けた。あっという間にキンダーガー

ロスアルトスの街並

テンの次男は帰宅時間の昼十一時半。家で二人で昼食後しばらくのんびりしていたら、もう長男の迎え時間二時四十分。早いなあ。

八月三十日。夜七時半から子どものクラスに親が集まる日。直接担任の話が聞ける機会なのでほとんどの親が来る。夜だしお父さんが来る家庭も多い。部屋の隅には、クラスのボランティアを募る紙が置いてある。クラスパーティの手伝いとかハロウィンにパンプキンパイをつくってくれる人とか、遠足のつき添いなどさまざま。そしてどの親もすすんで紙に自分の名前を書きこむ。我が子のクラスのサポートは親として当然といった雰囲気。

子どもの席につくと机の上に我が子の得意なことやサポートが必要なことなどを書きこむ紙

息子たちの登校姿

が用意されていて、どの親もささっと書いてた。我が子の長所を突然聞かれてもなあ。困ってしまい、書くのは夫に頼んで私は席を離れ、後ろで立ってることにした。するとそばにいた誰かのお父さんがすかさず「私の娘の席に座っていいですよ」と私に椅子をさし出してくれた。さりげなく優しいのよね、アメリカの人って。

これから一年間の勉強方針や、宿題の説明を担任から聞いてあっという間に三十分経過。英語だし言っていることが半分もわからなかったけど、良い先生であることはよく伝わってきた。親もきちんとした雰囲気の人ばかり。

ロスアルトスの小学校生活

九月下旬、4th gradeクラスで長男が宿題を発表することになった。それは、自分のルーツをクラスみんなの前で発表するために、家族で協力して一カ月で完成させるようにと言われていた宿題。うちは数日前からしゃべりと、どの順で日本や家族の写真をみんなに見せるかを練習。だけど少しおぼつかない長男の雰囲気に「あれでカバーしよう!」と思いたつ。それは着物。

当日、着物姿で教室にあらわれた母、私。外で待ってるとクラスの子たちがにこやかに声をかける。「ハーイ!」。男の子は「きれいな衣装だね」とか、「キモノでしょ? いいねー」とか「中に入ったら?」とか、どの子も親切に声をかけてくれる。4th gradeは日本でいえば四年生児。アメリカの男の子たちはもう紳士になってるなあと驚く。

長男には剣道の胴着を着させた。みんなの前で竹刀で素振りを少しやって見せながら、とりあえず練習どおりに発表。先生は写真を撮り、すすんでお手伝いの生徒はビデオ撮影。質問されたので、私も少しだけ着物について説明させてもらう。

最後に、ジャパニーズスナックということで、せんべいをみんなにわけた。これはどうやらみんなの好きな味だったらしい。準備は大変だったけど全員の発表を見れば、クラスの友だちのルーツを知ることができるわけで、よく考えてある宿題だなあと思った。

その年のロスアルトスの Best Teacher Of The Year に選ばれたのは、このAスクールの先生だと新聞には書いてあった。

十月のある日、幼稚園児キンダーの次男たちは近くの山の、動物のいる広場で、二時間の遠足（フィールドトリップ）をした。といっても、クラスの親が数名、自家用車を出して、子どもたちを乗せて出かけるかたちのトリップ。そしてその数日後、またトリップ。今度はダウンタウンの子ども向け本屋さんまで、やっぱり誰かの車に乗せてもらってのトリップだった。

4th gradeの長男たちは、メンロパークにあるサンセットガーデンというところまで、誰かのお父さんの車に乗せてもらって行ってきた。ガーデンなだけに、苗をひとつとクッキーと、雑誌「サンセットガーデン」を一冊もらって帰ってきた。

ある日の夜は、冬に予定されている4th gradeの宿泊トリップについての説明会。カリフォルニアといえばゴールドラッシュ。歴史をたどって金探し体験をしたり、ネイティブアメリカンの人から話を聞いたり、昔のやりかたでパンを焼いてみたりする、とスライドで説明された。楽しそうなトリップだなあ。

十月二日は、インターナショナルWalk to School Day。全員歩いて学校に登校しましょう、の日。うちは近かったからいつも歩いてたけど、車での登校の人がほとんど。でも今日だけは、学校の周辺をぞろぞろと歩く親子の姿。中には学校のそばで車を降りて、ほんの少しだけ歩く人たちもいる。オレンジのベストを着て先導する親たちやポリスマンが見守る中、全員グラウンドへむかって歩いていく。私と息子たちも流れにのってただただついて行った。

するとそこには「クリスピークリーム」のドーナツが山積みで、係の上級生が、登校してきた人みんなにドーナツを配ってた。コーヒーもポットに入ってて、自由に飲んでいいことになってる。子どもも親も学校に来た人からドーナツをつまみ、コーヒーを飲む風景。あっけにとられていると、ずんちゃかずんちゃか聴こえてくる音楽。なんだなんだ？

近くのロスアルトスハイスクールのブラスバンドの子たちが、一列で演奏しながらAスクールのグラウンドに入場してきた。生演奏で数曲聴かせてみんなから大喝采を受け、そしてまたハイスクールへと消えていった。その後は校長先生が全員の前でスピーチ。ときどき拍手もわき起こる。まるでお祭り。歩いて登校するってこんなに特別なことだったとは。

実際歩いてみてどこが危険だと感じたかなどのアンケートを書いて、その週のうちに提出することになってた。歩道をつくってほしい、という意見が多ければつくってもらえるのかもしれない。


親と担任との個人面談の日、「カンファレンスDAY」というのがある。二十分間の面談。この時期は一学期の終わりということもあって、長男の学習態度や一学期の評価を担任から聞かされる日だった。

担任の手元には生徒についてのGOODな部分、今後努力しなければならない部分が全部書いてあるプリントがちゃんと用意されていて、長男のプリントを示しながら、ふだんの勉強の様子や、休みのあいだにもやっておいたほうがいいことなどを夫は担任から聞かされたという。

日本人は算数については優秀。クラスの中で、問題が解けたのはほんの数人、というその中に長男も入っていたようだった。だけどそれは日本の学校では普通にみんなが解ける問題だったりする。算数に関しては教え方が日本のほうが少し早いんだなと思った。

一方、ジャパニーズの長男は英語の読みや理解が不利だ。アメリカに来て一年弱でアメリカ人の子どもなみに理解しろと言われても無理な話だけど、とりあえずこの学校に通っているからには先生たちはそれを普通に要求するので、大変だけど長男には努力してもらうしかない。

Aスクールに来て三カ月経った十一月下旬のある日。長男のクラスのC君のお宅に、放課後お邪魔することになってた。次男と長男を迎えに行った足でそのまま行こうと学校へ迎えに行くと学校前に立つ長男の様子がなんか変。車をとめて近づいてみて、とんでもないことが起こっていることを知る。「ぼくのバッグがないんだ」。

そばで長男の友だちが私に訴えかける。「ごみ箱も見たしあちこち探したんだけど、見つからないんだよ」。そしてさらに続けて言う。「これで彼のバッグなくなったの、三回目なんだ」。

知らなかった。長男はそういうことがあったという話を今まで家で全然しなかった。とりあえず二回とも帰りまでに見つかったからよしとしてたのか。でも今回はどこにもないという。涙を浮かべながらどうしようもなく立ちつくす長男。

しかし毎回ごみ箱に捨ててあったということが親としてはとても気になった。ひととおりごみ箱を見て歩いたけど、やっぱりない。バッグには何も入れてなくて、ただ旅行先のピンバッジを三個ほどつけてただけだった。心配してくれた日本人の方が言う。「中には貧しい子もいるから、ピンバッジ目当てだったのかも」。あるいは、強く言い返せないジャパニーズに対するいじめか？

理由は何であれ、物がなくなる、ごみ箱に捨てられることがある、というのはかなり不愉快。腹立たしさをとおり越して親子ですっかり悲しくなってしまったけど、幸いというか、その日の放課後にはC君とのプレイデート（放課後の約束）があったし、とりあえずC君のお宅へ行くことにした。そして一緒に遊んだりお母さん同士も話をしたりしているうちに少し気も晴れてきて、帰る頃には私のほうもちょっとだけ前向きになれた。

でもこのままだと、長男は学校に行くのが楽しくなくなってしまう。再びこういうことがないようにしてもらわなければと思い、夜、校長にメール。こんなことがこの学校で起こったというのは、日本人にとってとても悲しいことだった、と。翌日校長は、朝会で全校生徒に向かって言った。「人の物を勝手にさわることは許されることではありません」。結局カバンは見つからなかったけど、校長の対応の早さはうれしかった。

次男の方でもついにはじめてのプレイデート。次男のクラスのDavid（デービッドくん）を一緒にうちに連れて帰る日。アメリカの友だちと遊ぶ約束をとりつけるというのは日本人の場合、親子ともども勇気のいることだったりする。DavidのMom（母）Mary（メアリー）からランチを受け取り、今日は最初の日なので、昼十二時から一時半までお預かりということにした。

Davidのランチバッグの中身は、チーズで味つけしたマカロニ（マカロニチーズという定番料理）が、ホカホカ状態でタッパーに入ったもの、ウインナーをひと口サイズに切ったものが十個くらいタッパーに入ったもの、厚みが二ミリくらい、幅二センチ、長さ一メートルくらいの真っ赤なリボン状のキャンディがロール巻きになっている個包装のお菓子（袋はポケモンキャラクターの絵）二個、お菓子のミニリッツビッツ一袋、ジュース一個。

意外といろいろ入っていたことに驚いたし、ちゃんとあたたかいものが入ってることにも驚いた。たぶん、Momが料理にもマメなメキシコ人だからだと思う。Davidはタッパーを開け、プラスチックフォークでマカロニを半分くらい、ウインナーを半分くらい食べたら、I'm full.（お腹いっぱい）と言いながらきちんとタッパーの蓋を閉めてランチバッグに片づけた。

それからロールキャンディの袋を私に渡してPlease Openと言った。Davidが長～いその真っ赤なキャンディを食べ始めると、次男はGive me this oneと、いつのまにか覚えた英語でちゃっかり頼み、もう一個のキャンディをもらって大喜び。しかしすごい色だ。ふたりとも口の中が着色料で真っ赤っか。

そろそろ遊び始めるかなと思いながら見ていると、Davidはそのあとゴミになった袋を手にひとつにまとめ、私に手渡してきた。なんてしっかりしてるんだろう。そしてロボットでワーワー遊びながらも、Momが迎えに来る時間近くに時計をちらっと見て、まだ封もあけずに袋ごと出しっぱなしだったリッツビッツを、これは今食べられないからと、ちゃんとランチバッグに片づけ始めた。まだ飲み残しているジュースも気にかけ、途中テーブルのところまで飲みにくる。一時半過ぎ、Mom,Maryの迎え。

私が今日の様子をMaryに話していると、Davidが横から、これ見てーという感じでお母さんに何か見せにきた。でもMaryは、「話してるとき、横から入ってくるのはやめなさい」と一喝。そして置きっぱなしのロボットを見て「ちゃんと片づけて」の一言。ふわふわ飛びまわってるうちの次男とは対照的に、Davidはてきぱきとお片づけ。きちんとした家庭に久しぶりに出会えた、という気がした。

このときの感動を、私は英会話学校VANTAGEで先生と相方Oさんに披露した。うちの息子と同じ五歳児なのに、母親が見てなくても自分のものの管理、ゴミの処理、時間の配分ができていて、母親に言われたことは一度でてきぱきと動く。とにかく感心した、と。

すると先生は、「アメリカではそれが当然のことなのです」と言う。VANTAGEでもある曜日に子育てクラスが設けてあって「ほとんどが日本人なんだけど、見ていると日本人の子はひとつの物を出したまま次のやりたいことに手を出したり、ゴミを置いたまま他のことをやる子が多い」らしい。

先生はそのたびに、子どもをそばに呼んで「片づけてから次のことをやるように」と注意するんだとか。先生は「日本人の母親は子どもの勉強のことばかり優先。世話をやき過ぎてなんでも先にやってしまい、しつけ面は良くない」という意見。とても耳が痛い。

自分はよそに比べればけっこう厳しい母親だと思ってきたけど、アメリカの母たちとは比べものになってないようだ。よそのお宅に行ったときや公共の場でのふるまいにも影響するから、私は息子たちにはふだんから癇にさわるような行動や言い方には注意をしてきたしけっこうシビアに文句も言ってきた。子どもなんだからいいじゃないの〜、そんなに厳しくしなくても～と、まわりから私のほうが注意を受けることも日本では多々あった。だけど。やっぱりやるべきことは子どもでもやれるようになっておかなきゃだし、みんなの中で守るべきルールは守らせないといけないわけよね。子どもだけどひとりの人。そう思えない大人が多すぎて、そんな大人に育てられ、日本もなんだか困ったちゃんの大人が育ってゆく。

外国のマナーの良さは、元をたどれば子ども時代のしつけに行きつくようだ。英会話学校でそれを再確認させてもらえた。

秋のガレージセール

どうも貧乏性の私は使える服は着てしまう。Mさんに「骨董品屋見てるみたい……」と言わせてしまったくらいの私の服。平気。そのおかげで洋服代はかからず過ごしてこれたんだけど、先日この年になって中学生のときの部活動のTシャツを現役で着ていることにははっきりとあきれられてしまった。

傷んでないしサイズも変わんないしなあ。でもさすがにまずいかなと思い始めたので、こ

日曜日、わが家の庭で

の際ガレージセールをして処分することにした。

ついでにガレージセールに出せるものがないかあちこちひっかきまわしていたら、麻のれんと塗りのお盆、それに私が小学五年生のときにつくった木版画がでてきた。なんでそんなものまでアメリカに持ってきてんのかと言われそうだけど。飾ってみればアジアンチックでいいのかも、とパソコン部屋の一角に敷いた置き畳のまわりに配置。そこだけ和室になった。

そういえば、訪ねたアメリカ人のお宅で、テーブルの上に浮世絵の分厚い本がインテリアのひとつとして置かれてて、カッコよかったな。日本のものってアメリカで見るとほんとおしゃれ。日本で輸入雑貨を集めたがる感覚の、まるっきり逆パターンなんだろな。ということはつまり、わが家のどうでもいい日本製グッズは、アメリカ人から見ると珍しいものだらけなのかも。

こりゃあ、ガレージセールも楽しみだ。

十月二十一日、ガレージセール当日の朝八時、クパティノM家を含む三家族の荷物がわが家に集合。九時OPENに向け、みんなで品物を前庭に並べていたら、九時少し前からお客さんが来た。出だしは日本人客が多く少し途切れてからアメリカ人客が数組やってきた。今回は場所がロスアルトスということで〝ジャパニーズスタイルのガレージセール〟というのを売り文句にしたし、チラシにも着物が数点あることを書いておいた。なのでアメリカ人の興味はやはり着物に集中。

「ビューティフル！」の連発で、「いくらで売ってくれるの？」と聞かれたから、日本ではリサイクルショップですら引き取ってもらえなかったウールの着物に「$20」と答えたら、「Only ?!」と驚かれ、即決で買ってくれた。一人が買うのを見て、そばにいたもう一人の人も、かなり古めの着物二枚を手にし、なんだか早々に私の着物が売れまくった。

しばらくしてうわさを聞いたアメリカ人がやってきて、「着物はまだある？」と言うので、そんなに着物に関心があるのならと、箪笥からあと二枚出してきて見せると、やっぱ

クパティノのガレージセール

り「ビューティフル！」の連発。着物の下に着る長着、柄も鈴柄だったりもみじ柄だったり、ちょっと可愛らしすぎてもう私は着られないからなぁという感じでついでに出してみたら、やっぱりこれも「Cute !」と飾ったとたんにお買い上げ。

Mさんが出した子ども浴衣とぞうりもすぐに売れた。その後、中国人客が数組やってきた。ところが中国人はこれ以上下げられないという値段をつけていても、もっと安くしろと言う。五十セントのCD二枚をタダにしろと言う。一枚はタダにしたけど押しの強さに負けるものか！という感じで私はそのあと「No !」と言いきった。

TOTALとしての売上はいまひとつ。今回の

れることを知る。


経験から、中国人はやたら値切りたがり、アメリカ人は気に入ったら気前よく支払ってくれることを知る。

それにしても、減らしたかった洋服類がほとんど売れず、そのまま第二弾のガレージセールに商品は持ち越し。

十一月四日、ガレージセール第二弾。今回はクパティノのM家にて、前回の残り＆参入新三家族分の品も売る。天気にも恵まれ客足は良好。五家族がワイワイやりながらのガレージセールは、客がいない間も楽しい。

前回ババババッと買い占めていった日本人のおばさんが、どこで知ったのか、また開店前からあらわれてびっくり。買いかたが普通じゃないので、きっと安く買ってどこかで売りさばいているに違いない、とみんなで警戒。そして、前回値切って強引だったチャイニーズ客。今回もやっぱりあらわれ値切ってきたので、はっきりとNo！

場所がらクパティノのお客さんは日本人とチャイニーズが多かった。そして集計。みんなそれなりに収益があったことと、何よりも荷物が減ってホッとする。

イタリアン講座へ

ロスアルトスに住みはじめて四カ月経過。二〇〇二年一月、だいぶ日々の生活にも慣れてきたし、近所のシニアセンターで行なわれるというイタリアン講座に行ってみることにした。平日こういう講座に集まるのはおじいちゃんやおばあちゃん、年配の主婦たち、という顔ぶれだ。

第一回目はまず「ボンジョルノ〜！」と先生明るく登場。そしてイタリア語はaをア、iをイ、uをウ、oをオ、eをエ、と発音し、アイウオエが基本なことを説明された。なんか日本語ちっく。二時間の講座なのでいろいろ言葉も説明されたけど、全体的にアクセントが語尾にくるように感じる。il sonoは、イル　ソノと読み、ノのところを上げ気味に言う。意味はイコールI amということになるらしい。Nonイコール No。読み方は、ナン。富山弁でも「いいえ」のことを「な〜ん」と言う。ほほーぅ、こんなところに共通点が。

二回目。

いろいろな単語をハイスピードで教えていく先生だ。で、まわりのおばあちゃんたちは、先週もらったプリントの空欄の部分をしっかり予習して埋めてきてる。なんで？　もしかしてみんな毎回このイタリアン講座に参加してる？　伊英辞書も持参してきてるし。先生の言ってること、すぐ理解できるなんて初心者じゃないよね。

Aから Zがつく単語の例を見る。Sale サレは Salt のこと、Cibo チーボは Food のこと、Pane パネは Bread のこと。最近よくパン屋で見るパネトーネっていうパンは、もしかしてイタリア語でトーネパンていう意味？　そういえば日本でのローマ字って、イタリアのローマの字ってこと？　なんかひとりで目からウロコ。

三回目。

けっこう真面目に授業はすすんでく。初心者の私には理解できないスピードで。しかし経験者らしいおばちゃんたちは、先生やプリントの問題に簡単に答えを述べてゆく。毎回どこに参加してもそうなんだけど、私の場合、クラスに必ず自分と気が合いそうな人がいて、その人とはクラスが終わったあとも良い友だちづきあいが続く。De Anza college の時もそうだった。

こういうシニアセンターのおじいちゃん・おばあちゃん向けのクラスをとる、物好きの日本人なんて私くらいなもんだろうと思っていたのに、今回も同じくらいの年代の日本人女性Pさんがいた。同じ時期に同じものに目がいって同じように興味を持つんだから、気が合うのは当然。イタリア語はなんだかよくわからなくても、同じ場所で会って話ができるだけで楽しいもの。

四回目。

イタリア語でお父さんはPapa（パパ）、お母さんはMamma（マンマ）。英語でお父さんはDad（ダッド）、お母さんはMam（マム）。日本でみんながパパ、ママ言ってたのはイタリア語だった！　日本人て、外来語は全部英語のつもりで使ってんのよね。栗のことだって、アメリカで「マロン」なんて言っても通じないんだから。栗は英語で「チェスナッツ」。「マロン」てフランス語なのよね。もうほんと知らないことばかり。やっぱり目からウロコがぼとぼと。

五回目。

あっというまにイタリアン講座も終わりの日を迎えた。最後なので、何か持ちより（ポットラック）しましょう、ということに。

私はつまみやすさを考えて、餃子の皮の中に、ラム酒に漬けておいたレーズンと、刻んだりんごを甘く煮たアップルパイの中身に似たようなものを包んで油で揚げ、上から粉砂糖をふりかけたものをつくって持っていってみた。みんなが持ってきたものは、イタリアに関係したものがほとんどだった。

それぞれつまんで食べてみては、「これは何が入ってるの?」と質問する。そして当然ながら、私がつくってきたものについても質問がきた。「外側は何?」。「This is ポットスティッカー（餃子）アウトサイド」。餃子の外側の皮と言ったつもり。「中身は何?」。「アップル、シュガー、ラムレーズン」（それを煮た、と言いたかったが、煮るは英語でなんて言えば?　で、これだけしか言えず）。

ところが、みんなきょとんとして「ラム?」と聞き返してくる。「Yes、ラムレーズン。（言い方が悪いのかな）レーズン。ラムレーズン」。アクセントが悪かったらしく、横からPさんのフォローが入る。で、みんな「オー、ラム!　I see!」と納得してもらえた。

夜。夫に「ラムレーズンが通じにくくて参ったよ」と報告。すると「それって、ラム（羊）だと思われたんじゃないか?」。言われてみれば、みんなのきょとんとした顔も納得だ……。

ま、イタリア人の先生がたて続けに三個もおいしそうに食べてくれたのが救い。

大好きな店

▼Los Altos Coffee Shop（ロスアルトスダウンタウン内）

いつも行列。パンケーキブレックファーストというのを頼んだら、あったかいシロップがたっぷり添えられたパンケーキ二枚に卵料理とソーセージが大皿にのって現れた。休日のブランチにこの組み合わせはとても幸せ。

▼シェビィーズ（エルカミノ沿い）

メキシコ料理のファミリーレストラン。次男の友だち、日系三世のRemy（レミー）くん一家おすすめの店。Remy Mom（母）ビッキーは慣れた感じで、子どもたちにはキッズメニューの中からチキンとポテトのコンボとスプライトを頼み、私には「ファヒータがおいしいよ」とすすめてくれた。純粋なメキシコ料理じゃなく、アメリカ人向けにアレンジされてた。日本人にも合う味。

ロスアルトスのダウンタウン

▼モンゴリアンB-B-Q（マウンテンビュー）

マウンテンビューダウンタウンのカストロストリートにある。好きな肉、野菜、麺を各自ドンブリに山盛りに盛って、最後に何種類もあるタレの中から好きなのをそのドンブリの上にかける。それを鉄板担当のおじさんにわたすと、ドンブリの中身をがさーっとひっくり返し、鉄板の上で長い棒一本でジュージュー炒めてくれ、ドンブリに戻してでき上がり。

簡単にいえば焼きそば。料金はひとり$8。壁際にミニソフトクリームコーナーもあって、食べたければ勝手にソフトクリームをつくってデザートにしてもいいことになっていた。

大衆食堂みたいなんだけどどこのソフトクリー

ムがいい味で、得した気分。請求書と一緒に置いてくれるフォーチュンクッキーを食後に割る。

中にひとことメッセージの紙が入ってるこのクッキー。気のせいか、この店ではいつもタイムリーなひとことに出会える。

▼Il Fornaio（サンノゼダウンタウン）

ホテルの一階に位置し、外からそのまま入店できるイタリアンレストラン。

アメリカのレストランの感心するところは、ここのようにきちんとした店でも子連れ用に準備されてるものがある、ということ。子ども用メニュー、ちゃんと座って待ってられるように五色ほど入ったミニクレヨンセットと紙。それにはたいてい、クイズやぬり絵がなんパターンも印刷されてる。それを静かにやってるうちに料理が運ばれてきて、店にとっても親にとっても好都合。

このようなイタリアンレストランの場合、そのクイズもイタリアにちなんだもの。イタリア地図のぬり絵でミラノはここか、などといいながら大人も楽しめる。

料理はどれもおいしかったしウエイターさんも感じがよく、気持ちよく過ごさせてもらったので、ここでは当然チップは二十パーセント。

▼フォンタナレストラン（クパティノ）

道路、Stevens（スティーブンス）クリーク沿いにあり、アメリカでは珍しくパスタ料理がアルデンテの硬さで食べられる店。アメリカ人にパスタ料理をつくらせると茹で過ぎの、昔給食で食べたみたいな、芯なしケチャップあえスパゲティナポリタン、という感じになるし、アメリカ人はどうもそういうやわらかいパスタが好きらしい。

でもイタリアンレストランなら、とりあえず固めのパスタに会える。

「ラビオリ」もなかなかよかった。

▼紅花（クパティノ）

鉄板焼きレストラン。クパティノのこの店には昔私の誕生日に、夫とまだ一歳だった長男の三人で来たこともあった。あれから寿司バーカウンターが加わり、鉄板焼きダイニングテーブルのほうにも客がいっぱいで、ずいぶんパワーアップした印象。

ここの見どころは各テーブルにひとりずつシェフがつき、目の前で鉄板焼きパフォーマンスが見れること。ただ焼くんじゃなくて、スタタンスタタンと海老のシッポをカットしながら焼きつつ、そのシッポをひょいっとへらで宙に飛ばせたかと思ったら自分のシェフ帽子のてっぺんでキャッチ。それを三回ほどたて続けにやり、おおぉっ！　とみんなの目をひきつけておき、最後のシッポは自分の胸ポケットでキャッチ。思わずテーブルのみんなでWAO～!

へらを指先でくるくる回したり、ぽいっと投げて背中のうしろでキャッチしたかと思ったら、今度は卵を鉄板の上でくるくる回し始める。回り続けるカラごとの生卵をへらですくって宙へぽんぽん投げてはキャッチ。最後はへらを真横にし、卵をへらのサイドに突き刺さるかたちでキャッチし、たらーっとすきまから流れるたまごで鉄板にハート模様を描いて見せたりする。

そうやってつくった焼き卵をスタタンスタタンと細かく炒め、ご飯やチキンと合わせてチャーハンをつくり、みんなの器に手早く盛ってくれる。あちこちから拍手だの歓声だのわきあがって、とにかくにぎやかなレストラン。

基本のパフォーマンスがあって、あとはシェフによってさらに高度な技も加えたりするみたいで、うまいシェフがつけば特にラッキー。子どもがいるとシェフもやりがいがあるらしく、息子たちのびっくり顔を期待して面白いことをやってくれたりして、また予想以上に息子たちは驚き、他の大人もそれを見てはウケル。

だいたいここはバースデーパーティを兼ねてファミリーで夕食に来るアメリカ人が多く、あちこちのテーブルで、店員さんたちがハッピーバースデーを歌う声が聞こえた。

▼HANKOOK（サニーベール）

私の大好きな韓国スーパー。ここには日本食スーパー以上の新鮮な魚がおいてある。鯖あり秋刀魚あり、カレイありタラあり。アメリカンスーパー、中国スーパーには必ずおいてあるナマズが、韓国スーパーでは見あたらない。魚売り場で異様なニオイが漂ってないのもほっとする。

味付き肉&キムチなどのセルフサービスコーナーは、パックに好きなだけとり、重量で値段がつけられる。このコーナーでいろんな種類の肉を買っていけば、家で焼肉食べ放題みたいなことができる。

韓国インスタント食品もおもしろい。豆腐の煮込みスープの素。豆腐、貝、たまねぎと一緒に付属の朱色のスープで煮て、最後に生卵と付属の真っ赤なオイルをおとして食す、とハングル文字と英語で書かれてある。袋のでき上がり写真を見ただけで、じわーっと顔から汗。ここで買った日の夕食は韓国パワー炸裂。全員汗だらだら。

あるときは、どかんとカルビをまとめ買い。いつものことだけど、ここに来ると必ず$100（一万円ちょっと）前後買うことになった。一つひとつが安いアメリカで、一回で$100買ってくお客さんというのは、「そうとうに買ってくれた良いお客さん」という位置づけになるのか、そういう客には毎度おまけをつけてくれる。

で、HANKOOKの場合、それが韓国海苔の束だったり、お米十キロだったりするからビッグなおまけだ。

おまけの米袋だけでうちは足りた。日本で米十キロは五千円くらいする。アメリカだと$10くらい。なんでお米の国日本のほうが米が高いのか理解に苦しむな。

▼ミルクペール（マウンテンビュー）

八百屋さん。ロスアルトスとは道路エルカミノを隔てただけなのに、マウンテンビューというだけで物価が安い。ここはうちのオーナーおすすめの店だけあって、良い品ぞろえ。奥にはチーズもいろいろと取りそろえてある。

日本にいたときは、おつまみ用とかプロセスチーズとか、よくてカマンベールくらいしか食べたことなかったチーズ。ブリーチーズというのを買って試してみたらそれはもうおいしくて、やみつきになった。安くいろんな種類のチーズが試せるこの店のおかげでブルーチーズみたいにクセのある味にも免疫がついた。

▼ギャレリアマーケット（サンタクララ）

HANKOOK近くの、ここも韓国人・日本人向けスーパー。梅干し用の梅を唯一入手できる店。となりに併設のパン屋もなかなか重宝で、パン以外に店内でビビンバまで食べられるという充実ぶりだ。

▼NIJIYA（マウンテンビュー）

日本食スーパー。日本風の栗かぼちゃとか日本風の金時系さつまいもは、アメリカンスーパーでは手に入らない。秋にアメリカンスーパーの店頭で売られてるオレンジ色のパンプキンは、ハロウィン用の飾りに使うためのもの。

むしょーにほくほくものが食べたいときはここに来て買う。里芋とひき肉でつくるそぼろ煮が食べたくなったときもNIJIYAで二十個ほど里芋を買ってきてつくった。ご飯に味噌汁にそぼろ煮。アメリカにいながらにして和食が食べられる幸せ。これ、日本食材がそろうカリフォルニアだから。もしこういうものが手に入らなくなったら……そのときはもうあたし住めないかも。NIJIYAにずいぶん助けられた。

NIJIYAの隣の店「スマート&ファイナル」は、大量買いができる店。大量なので割安。見るだけでも楽しい。

▼JANUS（ロスアルトスダウンタウン）

メインストリートにある食器屋さん。日本人の間では有名で、食器に詳しい人ならば誰もが目の色を変える店。「日本じゃ、この二倍か三倍くらいの値段するよ～！」「これなんか、デパートの鍵つきのガラスケースに入ってたりするんだよ」。

私はブランド食器にはとんと興味がなくて、日本でもそういうコーナーに近づいたこともなかった。「たかが食器にブランド物だからってなんで高い値段がついてるわけ？ そんなの日常使えるわけないじゃない」。長年そう思ってきた。でも、あるとき友人Sさんとのんびりでかけた日は、ちょっと気分的に違ってた。

お店側の並べ方もお店のおばさんの笑顔もなんとなく好きだなと思える日ってのがあるもので、その日、四十パーセント引きコーナーの前でSさんが言った。「そういえば、これ、自由が丘の食器屋で品切れだったたって。芸能人Kが使ってるとかなんとかで、どうやら日本で人気ある種類らしいよ」。なんで日本人て芸能人の真似したがるんだろうねぇ。みんながみんな、おんなじ物持ってちゃつまんないよねぇ。そのうち、どこのお宅にもあるありふれた食器になっちゃうじゃない。

その日、こんな私でも目をひいた皿が棚の上にあった。値段もそのへんの普通の食器と変らない安さで合格。その日初めて、この店で買い物をした。大事に普段もめいっぱい使おうと思う。

▼サンアントニオショッピングセンター（マウンテンビュー）

うちから車で五分のショッピングセンター。その中のWAL MART。だいたいの物が安い店だ。

ある日のこと、編物が得意な実家の母親に「チョッキ（ベストって言うべき?）編んでもらえる?」と聞いたら、そっちで好きな色の毛糸選んで日本に送って、と言われたからその日の目的は毛糸のはずだった。

が、毛糸売り場にたどりつく前にカートは半分埋まってしまう。安さのあまり目移りするせいだ。女性服売り場でパジャマ。いただきもののジャージをパジャマがわりに愛用して十五年。まだ着れるし、まだ着てもいいけど、でも強い決意で、パジャマとしてのパジャマを選ぶことにする。一番小さいサイズでも、どーみても丈が長いんだけどさ。アメリカでジャストサイズに出会えることの方がまれ。

次は寝具売り場で枕カバー。色があり過ぎて、見てるうちに何色にしたいんだっけ？　何色買いたいんだっけ？　とわからなくなってくる。これもいいかも、なんて迷ってるうちにそこで十五分ほど費やす。

タオル。日本の、どこかからもらった企業名入りの薄っぺらいタオルは乾きが早いし使いやすいときもあるんだけど、風呂あがりに体を拭くときくらいしっかりしたので拭きたいもんよね。というわけで、アメリカで初めてタオル購入。長年使ってきたぺらぺらタオルは、雑巾につくり替えるとしよう。タオル買ったくらいで、うわぁ～贅沢だぁ～と思えるから幸せだ。一枚$1.5（約百五十円）。

で、やっと毛糸売り場。日本なら何玉あればチョッキが編めるとか判断できるんだろうけど、アメリカの毛糸はなんだか一玉のサイズが大きいし巻きも多い。結局よくわかんないし、これだけあればなんとかなるか、という個数を買う。結局この店だけで一時間半もいてしまった。

こうしてサンアントニオショッピングセンターをすみずみめぐって歩くなんてこともできないまま、いつも広いWAL MARTだけで満足して終わるパターンだった。

デンティスト体験（その一）

渡米して一年。年頭から子どもたちの歯の治療が続き、治療費がかさんでた。そして自分のことを後まわしにしたツケがまわってきて、ついに私の歯も痛み出してしまった。とりあえず子どものかかりつけ歯科医サニーベールのT先生を頼ろう。

電話したら、今すぐ来てくれるならT先生がいますのでどうぞ、と言ってくれた。日系二世のT先生はいつも英語だし、私、英語でこの状況が説明できるだろーかと思いつつ、T先生のブースへと向かう。

まず助手の人が症状を診て、レントゲン写真を撮る。しばらくして、T先生が椅子の横に。「こんにちは。Ｔです」。あれ？　はっきりと日本語だ。こんにちは。「いつから痛くなったんですか。ちょっと診てみましょう」スムーズな日本語でコミュニケーションをとりつつ診てもらう。

部分麻酔をきかせてガリガリッ、キィーン、キュイーン。結果、炎症を起こしてる左下歯茎の下には親知らずが。なんともない右下歯茎の下にも、そして両サイド上にも、計四本の親知らずがみんな勝手な方向に向いて潜んでて、どう見たってジャマな状態がレントゲン写真に写し出されていた。「今度、口腔外科を紹介しますので、そちらで全部抜いたほうがいいでしょうね」。

四本全部？　いっきに？　一日で？「いや、一時間くらいで終わりますよ。全身麻酔かけて」。その数カ月前に知り合いが二本いっきに抜いて、ほっぺたポンポンに青く腫らせてた顔を思い出してしまう。あれはけっこうすごかったし、具合悪そうだったよなー。二本であれなのに四本いっきに抜くなんて、どんな状態になるか想像つかないや。

生きて帰れるんだろーか。とにかく数本抜いたら四日くらいは家で痛みに耐えるしかなく、なんにもできない状態だという話を友だちから聞いた。全身麻酔だから、帰りは車の運転ができない。夫に運転してもらうため、その日は夫に会社を休んでもらって……。なんかオオゴトだぞ…。

後日、紹介されたマウンテンビューの口腔外科へ。二度にわたる検査や口の中の写真撮影などがあって、四本いっきに抜歯する同意書にサイン。親知らず四本を抜く手術を受けると、しばらく物が食べられないらしい。

韓国人ドクターKの話では抜歯後はジュース、スープ、ヨーグルト、アイスなど、なるべく冷たいどろどろのものを口に入れるのがいいという。顔が腫れて人様の前に出られないことが予想されるので、数日しのげそうな量のヨーグルトを買いだめしとく。

そして前もってダウンタウンの薬局へ行き、ドクターKからの処方箋を見せて薬をもらっといた。たぶんこれは抜歯後にそなえた強力な痛み止めだ。これさえあれば、想像できないくらいの激痛にも耐えられるのだろーか。私の頼みの綱はこの六十錠の薬だけ。ほんとこれだけだ。

手術当日、朝食抜きで口腔外科へ。助手は「一時間くらいグーッと眠れるからね」と、にこやかに話しかけてきながら、私の左手の人差し指にキャップみたいの、左腕には血圧測るときのバンドみたいのをつけた。心拍音が聞こえ始めた。

おなかすいたのもあってはっきり言って緊張も何もなかった。

心拍音、極めてリラックステンポ。ドクターKがやってきて、OK? とたずね、Yesと答える私。右ひじ内側にゴムを巻き、血管を確認したところで、点滴のようにぶらさがっている何かの管を差しこんだ。

しばらくして、リラックス状態だった心拍音が勝手に少し速まった。それにともなって胸がちょっとつらくなったけど、それは薬の影響によるものだったらしい。ドクターKはGOODとにこやかに言い、ディープブレスと言うので、胸を楽にするために深呼吸。いつになったら全身麻酔が効いて眠くなるのかわからないくらい感覚は正常だったし、もし麻酔が効かないまま手術になっちゃったらどーすっかなー、と内心そっちのほうが不安だった。

ドクターが右の管に、何やら注射器で注入しているようだ。左側から助手が、口をあけて固定するためのマウスピースのようなものを見せ、「入れますよ」と言うので、OKと答え、口をあ~んと大きく開けた。

記憶はそこまで。今思えば、ドクターの注入したものが強力麻酔薬だったのかな。とにかく何も感じず何の音も聞かず、ただただ深い眠りの中。手術室外にいた夫にはキィ~ン、カリカリカリッ、ガガガッとかいう激しい音が聞こえたらしいんだけど、当の本人は何も聞いてないし何も知らない数十分。

とんとんっと腕を揺さぶられて目を覚ましたら、もう終わってた。上下の親知らずを四本抜いたから、口の中両サイドにガーゼを嚙まされていた。目が覚めたところでそれを口から取り出し、きれいなガーゼを入れ直してくれた。ドクターKから、しばらくはほっぺの両サイドをアイスパックで冷やしておくようにね、と指示を受けたあと、助手が車椅子に座らせてくれ、夫とともに外のパーキングまで連れていってくれた。

帰宅してすぐ、眠気を誘う強力痛み止めと、普通の痛み止めを一つずつ飲んでおく。この時点ではそんなに腫れてもいないし痛くもない。とりあえず今日は冷やして安静にしておこうと、昼にヨーグルト、夜に冷え冷えのコーンスープを口にして一日寝る。水でのうがいも禁じられた。傷口を治そうとする血の固まりがとれてしまうからだという。

翌朝起きたら、ほっぺが二倍くらい横にふくれていた。ガーゼはもう嚙んでないのに、はたから見たら口の中いっぱいにガーゼを詰めてるみたい。この顔、なんかに似てるなあと思ってたら、そうそう！　昔流行った「おはよう！スパンク」（漫画）のスパンク顔だ！　抜歯箇所は痛くもなんともない。ほっぺも押すとぷにゃぷにゃで、この中には何が入ってんの？　という感じ。

あご近くの下ほっぺ部分がすこし青くなってきた。次の日も夫は会社を休んでくれたから、朝食を子どもと三人で食べてもらい、私は昨夜つくってもらったジェロ（ゼリー）を食べる。昨日からろくなもの食べてないけど、じっとしてるから食欲もたいしてわかないし、ドクターの指示は極力守っておきたいから、どろどろ食物でも気分的に不満はない。

顔はちょっと人に見せたくないけど、体の調子は悪くない。ほんとに四本も抜いたのかなぁ？　半信半疑の気分と、これでこういう親知らずの心配は今後ないわけね、と、うれしくてホッとした気持ちが入り混じる。

それから数週間後。親知らずを抜いた箇所はまったく痛みがなかったのに、その周辺の歯茎がまだ腫れてて左下だけが物を噛むと痛い。ドクターKに診てもらう。どうやら抜歯後だいぶしてから、私が油断して口の中の清潔を怠ったせいで、抜歯箇所にバイキンが入って膿んでしまったようだった。

結局そこだけ部分麻酔で膿を出すはめに。親知らず抜歯よりそっちの方が痛かったかも。アフターケアとして良心的なドクターKは治療費をとらずに治療してくれ、そして痛みは解消した。

デンティスト体験（その二）

腕の良いT歯科医は人気があって予約がすぐにはとれない。しょうがないから、その後からはマウンテンビューの日系ドクターYのところへ通うことにした。

生まれて初めての歯のクリーニング。歯の表裏、歯間すみずみ、尖った道具でガリガリ。歯のふりしてた固い歯石がとれていくのがわかる。血も出る。

助手のお姉さんがシュババーッと細い道具の先から水を歯に噴きつけ、すかさずもう片方の手に持ってる管で口の中の水をぐわわわっと吸い取ってくれる。アメリカの歯医者はどこもそうやって、あっというまに口の中をきれいにしてくれる。いちいちうがいしなくてすむから効率的。

その後、フロス（糸）を全部の歯間にくいこませてお掃除。それから電動回転ミニブラシみたいので、歯の表面をぴかぴかに磨く。最後に薬入りの水を渡され、コップでうがいして終了。歯と歯って、もともとこんなにすき間があいてるものだったのか。口の中もさっぱり。これで、普段の歯磨きでは完全に歯がきれいになってないってことがよくわかったなぁ。フロスも意外に痛くなかったし、今度から使おうって気にもなった。

夏のある日、虫歯になりかけのあやしい部分を削って、これ以上ひどくならないように詰め物をしておく処置を受けることにした。「麻酔しますか」と、突然ドクターYに聞かれる。え、突然そう訊ねられても……。「虫歯が深くなければ麻酔しなくてもいいです」と答えると「わかりました」と、そのまんまキィ～ンと削り出した。

痛くはないんだけど振動は伝わってくるから麻酔しとけばよかったかとやや後悔しながら、もう間にあわないので口を開けたまんま、なるべく無心に天井を見つめるように努力する。

前回詰めたところに、歯に似せたものをかぶせる治療の日。てっきり型をとってかぶせるものをつくり、それを装着して終わりだと勝手に思っていた。ところが「こんにちは」(日系人の医者だから日本語が話せる)とドクターYがそばにやってきたと思ったら、もう手には部分麻酔用の注射があった。え、なんで麻酔すんの？　そして、はい、口開けてーと言われるがまま、あ～と口を開けたら、詰めた歯のまわりの歯茎に三カ所ほど麻酔入り注射をされてしまった。

痛～い。それから例の、キィィ～ンと削る道具を手にした。なんで削るの？　キィィ～ンキュルキュル、ギギギギッとイヤな感じの振動が歯に伝わってくる。普通なら長くても五分で歯医者の目的は果たせるんじゃ……と思うんだけど、削ったあとミラーみたいのを口に入れて削ったところを確かめ、また削り始める。

横から助手が口の中をゆすぐ水をシュバババッと入れ、素早くもう一方の手の吸いこみ道具で水気を吸い取る。またドクターYは削る。これをなんと一時間もくり返した。一番奥の上の歯ということで、見えにくいのはわかるけどさぁ。

一時間、大口開けっぱなしの私。それも口の中に唾液がたまらないように、常に水分を吸い取る細いホースを下の歯に引っかけられ続けていて口の中乾きすぎ。私の口がそのまんまの状態なのに、途中、ドクターYは自分の机でカルテに書きこみをしたり、かぶせる物の用意らしきことをする。

削る道具のパーツのつけ替えも、ドクターYがやる。助手が的確に道具をドクターに手わたしするT歯科医に比べると、ほんとに要領が悪いなぁという感じ。

さらに治療は続き子どもの迎え時間がせまってきた。焦る気持ちと「ちょっと遅すぎませんかね？　早くしてよね～」的な雰囲気がちょっと伝わるように、「三時半には出られますか」と、ドクターYに聞いた。「大丈夫です、あと少しですから」。

ようやくかぶせ物らしいのが私の前にあらわれたけど、やっぱり自分でパーツをつけ替えながらそれを手元で削る。やっと歯の上にかぶせてくれたのは、治療開始から一時間半がたっていた。帰り道、アゴがなんか変。唇や口の周囲全体が乾いてガサガサ。この次の治療が憂鬱だ。

前回、こうして一時間半も大口を開けて耐えた苦労が実って、今回はできあがった擬似歯をわずかに残ったマイ奥歯にくっつけるための治療。はめこんでみて少し違和感がある部分を削って調整しながらジャストサイズにしていく。これでちょうど、となったら、いったん取り出してセメント（ドクターYがそう言ってた）をつけ、私の歯に固定。

長年、上の奥歯は深い虫歯で、詰め物をしてごまかしてきた。でも、しょせん詰め物なのでとれてしまい、とれたまんまのぽっかり穴あき状態のまま育児にかまけて八年間過ごしてきた。今年に入って親知らずがあばれたのがきっかけで、アメリカでの歯医者通いが始まったけど、つくづく思ったのは、歯医者に通いやすい環境が日本はまだまだだなぁということ。

日本でずーっと歯医者に行かなかったのは、近所はまだアメリカほど完全予約時間制をとってなかったからだった。予約して行ったとしても、前の患者さんの治療がのびのびになってすごく待たされたりするし、順番制の場合は十番目に名前書いたからこれくらいの時間に行っとかなきゃかな、って感じで出かけると、自分の前にはまだ何人かいて、やっぱり待たされた。

そうなると子どもが帰ってくる時間が迫ってきたりして、ホント落ち着かないしイライラ。半日つぶすことになってしまうのも、なんかイヤ。

その点アメリカは、十時に予約なら十時ジャストに行ってすぐ診てもらえるからその後の予定もたてやすい。ひとりにつき最低三十分はかけてくれるというのもうれしい。日本は電車で通ってずっと待って、やっと診てもらえると思ったら、ちょちょっと削ってハイ、じゃまた今度、って終わってしまうことが多かった。

アメリカは小学校の緊急連絡先欄に、必ずかかりつけの歯科医を書く欄がある。それくらい歯については気をつかう。歯のクリーニングとか矯正のチェックに行くとか、子どもも大人も歯医者に顔出すことがアメリカではホントに多い。通いやすい環境だからちょくちょく行けるってのもあると思う。ま、とりあえずこれで、私の口の中の問題はすべて解決できた。

次男が「歯とれたよ〜」と、うれしそうに報告。先週からぐらぐらぐらしてた下の前歯。次男にとって歯が抜けるという体験はこれが初めてだ。朝登校してすぐにとれたとかで、担任に報告したら事務室に連れてってくれ、歯を入れるケース付きの首飾りをくれたという。そのケースはちゃんと歯の形をしたもので、学校にそんなものが用意されてることにもびっくりだ。

まわりのすでに六歳の子たちはとっくに何本も抜けてて、そのたびに先生やみんなに報告してたらしく、それをうらやましく見てた、クラスで一番年少の次男も、やっと少しお兄さんになった気分。そしてアメリカでは、抜けた歯の対処の仕方が日本とは違う。

日本だと下の歯は上へ投げ、上の歯は高いところから落としたりして大きな歯になることを願ったりするけど、ここでは抜けた歯を、寝るときに枕の下に入れておく。すると、あら不思議。朝起きたら歯はお金に変身。ま、子どもが寝てるすきに親がそぉーっと歯とお金を入れ替えてるわけなんだけどね。

歯が抜けるということに喜びの気持ちを持たせるための工夫なのかなんだか知らないけど、アメリカの子ども向けの絵本にもそういう展開の話がよく出てる。郷に入れば郷に従え。長男のほうも下の歯がたてつづけに二本抜けたので、そのたび歯をラップで包んで枕の下に入れさせた。そして、寝入ったころにラップで包んだ一ドル札をそぉ〜っと、いかにも歯が変身したかのように入れ替えておいたら……。

朝起きて、ラップ包みのお金を見た長男はまんまと信じた。「やったぁ〜! 一ドルになってた!」。

その変身を見た次男は、半信半疑ながら期待はかなり大きい様子。だからその晩、次男のちっこい歯を包んだラップと一ドル札も、同じようにこっそり入れ替えてやった。

放課後、長男に歯を磨かせてから口腔外科ドクターKのところへ。一年前、私が親知らずをいっきに四本抜いてもらったところだ。かかりつけの歯医者Tで長男の歯のレントゲンをとったら、歯茎の中にひかえているはずのオトナの歯が、なんと三本もひかえてないのだという。歯並びを整えるためには子どもの歯二本を今のうちに抜いて、それから矯正の歯科医にかかるほうがいい、とのアドバイスをいただいた。

そして子どもの歯とはいえ、口腔外科で抜いてもらってきてください、とそのドクターTに言われたのだった。かかりつけ歯科医で抜いてくれればてっとりばやいのに、そのへんはアメリカ。かかりつけは虫歯などの治療専門という感じなのかな。

そこで口腔外科医ドクターKに診てもらい、かかりつけ歯科医から送られてきてたレントゲン写真と見合わせながら、どの歯を抜けばいいのか確認。そして私となぜか同じ箇所にある長男の八重歯についても、ついでに抜いたほうがいいでしょうね、ということになり、計三本の抜歯計画がたった。

で、歯茎に麻酔を注射する部分麻酔抜歯と、全身麻酔で寝てるあいだに抜く方法とどっちがいい？ とドクターKが聞いた。自分の体験からも全身麻酔のほうがラク。目の前で歯を抜いてる様子が見えるよりは、知らないうちに終わったほうが恐怖心がないから。子どもの歯とはいえ、いっきに三本だしね。

このドクターに信頼を寄せてるから、というのもある。だから長男も一週間後に全身麻酔で抜歯してもらうことにした。

抜歯の日にちを矯正歯科にも連絡。抜歯にあわせて矯正器具を用意する必要があるから、抜く日が決まったら教えてくれと言われていた。かかりつけと口腔外科と矯正歯科が、患者の歯のために裏でちゃんと連携をとってくれていて、必要書類も先方に送られずみ、というのが、とてもスムーズで合理的。さすが歯科医療の進んだ国。

乳歯三本抜歯の当日。〝全身麻酔親知らず四本いっき抜歯体験者〟として、やや得意げに全身麻酔を受けるためのアドバイスをしてみたりする母、私。

「リラックスすることが大事なんだからね。で、深呼吸したりしながら、あれぇ～？ 眠くなんないなぁ、とか考えてるうちにいつのまにかぐぅ～って寝てるから。で、気がついたらもうとっくに抜き終わってるはずだから」。

朝八時。夫に連れられて出かけた長男。八時二十分頃抜歯室に入って、はじめに私と同じように右ひじ裏のあたりに麻酔を入れるためのチューブをつけたらしい。ただ、どうも麻酔の効きがよくなかったらしく、右手首のあたりにつけ替えた、とのこと。親知らず抜歯と違い、子ども用には容量を少なくして麻酔を使ってるからかもしれない。

でもその後ドクターKとハリーポッターのことを少ししゃべったりしてたらいつのまにか寝てたようで、気がついたら抜き終わってた、ということだった。麻酔がまだ少し残ってふらふらしながら帰宅。口にはガーゼが噛まされている。そして抜いた歯を小袋に入れてもらって持ち帰ってきたので、どれどれ、と見せてもらう。

すると、四本。んっ？　夫によると、予定の奥歯二本と八重歯一本をとってみたら、八重歯のうしろにもう一本乳歯が変なほうにはえてたということで、途中で、どうします？　これも抜きますか？　と訊ねられたらしい。「ドクターから見て抜いたほうがいいと思うなら、抜いちゃってください」と夫は言い、そしてそれもまたついでに抜いた、ということだった。で、四本。なんとわが家に〝全身麻酔四本いっき抜歯経験者〟がこれで二人も。

数日後、長男を矯正歯科へ連れていく。

ひかえてるはずの大人の歯が歯茎内にないことがX線写真でわかった奥二カ所がこのままではぽっかりと空洞になってしまうので、その周囲にひかえてる大人の歯が出てきたときに、うまい具合に空洞が埋まってきれいに並ぶようにするための矯正、というのをしてもらうことになった。

上の一番奥の歯両サイドに金具をはめ込み、上の歯の裏側をとおるかたちで針金で引っ張るから、にっと歯を見せても矯正してることはわからない。あ〜んと大きく開けた口をどれどれ、とのぞきこむと見える。

でも本人にとっては異物感はある。「さしすせそが言いにくい」そうだ。歯にくっつくようなチューインガムやスニッカーズなどは食べないほうがいいかもね、とドクターに言われた。接着剤で固定したから、もう自分では外せない金具。今後は一カ月ごとに定期的なチェックをすると言われた。

二〇〇三年六月。なんと三十九歳になるまで夫が保持してきた、残り一本の乳歯。それをようやく夫は口腔外科で抜いてきた。最初からその箇所に永久歯がひかえてなかったらしく、普通なら押されて抜け替わるはずの乳歯が抜け替わらずに今までできたらしい。長男に永久歯が足りないのは夫の遺伝かも。ともかく夫、やっとオトナになれたね。

大腸検査とコレステロール

かかりつけ内科ドクターUに夫と私の健康診断の結果を聞きに行った。全体の結果から、特に問題はありません、と言われて終わる日本の簡単な説明とは違い、アメリカではすべての検査のデータ一枚一枚、数値一つひとつについて説明がある。

夫。問題もなく、ドクターUから長生きの人だと感心までされた。夫の家系から考えても大いに納得だ。そして私。問題点だらけ。健康診断を受けるたびにひっかかる血液検査結果。「悪玉コレステロール値が高い」といつも言われ、「良質の善玉コレステロール値も高いからまだいいです」ということも毎回言われる。身内が短命な私のほうの家系から考えてこれは遺伝だろうか。

そして今回初めて大腸検査もしたほうがいいだろうと言われた。新しい展開だ。大腸検査はスタンフォードの病院にいい先生がいるから、そちらに予約を入れておきます、と言われた。大腸検査っていうのは、夫が前に日本で受けたとかいう、お尻から内視鏡入れて調べるっていうアレよね？　やだなぁと思ってたら、全身麻酔かけるから帰りは夫に運転してもらうように、とのこと。えっ、全身麻酔かけてくれんの？　やった〜、寝てるあいだにすませてくれるんだ〜。

最後にドクターUの奥さんから「コレステロールの低い食事を三カ月心がけて、三カ月後にもう一度検査しましょう。それで変わらなければ完全に遺伝なので」と言われた。

そして食べちゃだめなもの、として、エビ（大好きなのに……）、魚の卵イクラやタラコなど（えええっ?）、すき焼き用の霜降り肉（NIJIYAで安いからよく買うよなぁ）、卵の卵黄（だって、毎日何かには使っちゃうぞ）、その他いっぱい、それもあたしが大好きなものばかり。目玉焼きのときは白身だけに塩ふって食べて、と言われた。味気ない三カ月になりそうだ。

大腸検査についてのコンサルテーション（説明）の日。スタンフォードの病院のドクターからの説明を聞き理解するため、またいろいろな書類にきちんと必要事項を書くために夫につき添ってもらった。

アメリカではどこのドクターとも、まずは名前を名乗りあってにこやかに握手しあうことからスタート。そしてややリラックスした雰囲気の中で、ドクターからの質問に返事をしてゆく。大腸検査には二つのやり方があることを説明された。麻酔を使わず大腸の入り口一部だけ見るような、ほんの五分程度で終わる軽い検査と、前日から断食し、当日は全身麻酔も使って十五分はかけて大腸をすみずみ見る検査。

もしあなたが五十歳だとしたら必ず後者の検査になり、選ぶことはできないけど、三十五歳のあなたはまだ深刻な症状が見られる可能性も年齢的に低いので、どちらの検査をしたいか選ぶことができますよ、と言われた。

五分で終わる検査のほうがラクかもしれない。でも一部だけ見て問題なくて、もし見てない部分にあやしいものがあったとしたら意味ない。日本で受けるくらいなら無痛なアメリカでの検査で体のことは解決してしまいたいという気もする。

「全部調べるほうの検査を受けます」。こう答えると、ドクターは「ハイ、わかりました。では、検査日を確認して、検査を受けるための注意事項の説明書きをここに持ってきてもらいますね」と言って、にこやかに部屋を出て行った。代わりに別の人が来て、前日は昼から何も食べちゃいけないとか、薬局でこの薬を買って前日に飲んでおくようにとか説明をしてくれた。そして「では当日にまた会いましょう」とにこやかに見送ってくれた。

夫が日本でやった検査のときは、三日ほど前から指定の流動食を食べるように言われ、検査のときは下から大腸に大量のバリウムを流しこまれ、中に空気を入れられてお腹ぱんぱん状態でレントゲンでチェックされたとか。もちろん麻酔を使わないから、お腹がとても苦しかったという。

話を聞いてるだけで下腹が張ってくるぞ。けどアメリカでは、前日だけの断食で、それも飲み物はソーダでもなんでも飲んでいいとあり、当日は麻酔かけてくれるから痛みはないらしいし、やっぱりアメリカの医療のほうが患者には優しい。痛くない、怖くない、信頼できる。日本の医療に欠けてるものすべてそろってる。

検査前日。断食をして、指定された三オンスボトルの薬（液体）を、「夕方四時と夜八時に半分ずつ水で倍に薄めて飲みなさい」というドクターの指示どおり飲む。

が、まずい〜！　濃すぎる食塩水といった感じの味で、薄めても薄めてもまずい〜！　あいまにシェラミストジュースで口直ししながらなんとか四時分を飲みきった。ところが今度は気分が悪くなってきた。うう〜。空っぽの胃に刺激強すぎといった感じで、しばらくして半分以上は口から退場。でもなんとか胃を通過したと思われるわずかな液体が少し後に効果を発揮しはじめた。これはキョーレツだ……。

翌朝へろへろ状態でスタンフォードのドクターのところへ到着。まずは受付のところであれこれサイン。確か、前に来たときに書いたはずなのに、という項目をまた当日書かせて本人のサインも数枚にわたって書かせる。でもすべてをぱぱっと理解して読むほど時間もない。ドクターを全面的に信頼して任せるしかない気がする。

お姉さんがやってきて個室に通された。薬のアレルギーはないかとか、身長体重はどれくらいかなど十個ほどの質問に答える。お姉さんは後ろ開きの服をわたしながら言う。「全部ぬいでこれを着てね」。そのあとは血圧チェック。

また別の部屋へ移動。そこにはベッド。指示どおり仰向けに寝て、右ひじ内側に麻酔薬が入った注射器をセットされた。左腕には血圧用バンド、左人差し指には心拍チェック用の器具をとりつけられた。親知らずの抜歯のときもこんな感じだったから、このあとぐぐ～っと眠くなるはずだな、と思いながら天井を眺める。

部屋にはロックがにぎやかに流れてた。腕にそういう器具をとりつけてるお姉さんたちも途中からやってきたドクターも雑談しながら、そして大笑いしながらとても楽しそうだ。全身麻酔を注入されてるまわりでそんなに楽しそうにしゃべられるのもなんだかな……と思いつつ、この雰囲気はリラックスできるもの。

まだ眠そうにならない私の様子に「もう少し薬を足すわね」と、さらにもう一本注射器をセット。「少し斜めむこう向きに寝て」の指示にしたがって体を傾け、しばらく棚の中を眺めてたら……あとは記憶がない。

起きたら別の部屋で、それも椅子に座らされて、横にはとっくに夫がいた。

あたし「どーやってここまで来たの？」

夫「呼ばれて案内されてここに来てみたら、もうそこに座って寝てたけど」
夫によると、ドクターから「あなたの妻は五十歳までこんな検査しなくて大丈夫。クリーンです」と言われたとのことだった。そうか、ポリープなんかもなかったわけだ。お姉さんからアップルジュースをもらって少しずつ飲んでこれで検査終了。感想。検査はラク。何がやだって、前日の下剤ドリンクがホントにまずくてツラかった。

ドクターUの奥さんに指示されてから、ノーコレステロール食を心がけた私。今までFAT（脂肪分）が含まれてそうなものがコレステロールが高いものだと思いこんできた私にコレステロールのことを考えさせてくれるきっかけになって、毎日発見の日々。買うときにまず裏の表示を見るようになった。

そしてコレステロールが0なら買う。ミルクもノンファットの薄くてまずいのを選ぶよりは豆乳にしたほうがコレステロールは0だし味もまぁいける、ということがわかった。体によさそうなヨーグルトだって、ミルク使用なら当然コレステロールあり。肉よりは魚介類がいいんだろうと思ってたのに、エビのコレステロール値の高さには驚いた。

エビ好きのあたしは、どこに行ってもエビが入った料理を頼んで食べてきたし、大好きなイクラやめんたいこなんかあればもうそれでご飯何杯もいけちゃうぞ、という感じだったし、貧血気味になると好んでレバー料理をつくっては食べた。ところがそれ全部、あたしがあんまり食べちゃいけないものだったわけよ。参ったなぁ。

ドレッシングみたいに油が入ったものはコレステロールもきっと高いに違いない、と裏を見ると、あれれ0だ、とか、そういうことが多い。魚介も牡蠣やあさり、ほたてみたいな貝ならコレステロールは低いから食べてもいいんだって。だから全部だめってわけじゃないから、あとは工夫次第。果物はなんでもOKって言われた。

そして三カ月後にコレステロール値再チェック。

前の数値に比べ、コレステロール値は善玉も悪玉も、トータルの数値も減ってた。つまり、コレステロール値の高いものを極力食べないように過ごした結果、数値が下がったということで、ドクターは満足そうに言った。「チーズやピザ、レバーなんかの内臓ものや卵など、コレステロールの多いものはこれからもあんまり食べないように。魚食べなさい。日本食が一番いいね」。

高校生のときから献血でコレステロール値が高いことがわかってた。てっきり遺伝だと思ってた。ところがどーだ。こうはっきり数値が落ちてしまうと、あきらかに食事のせい、ということになってしまうじゃない。

おかげで成分表示は欠かさずチェックするようになったけど、あまり数値に敏感になり過ぎると、必要材料としてどうしても使わなきゃいけないときに、ものすごい罪悪感を感じながらの料理となってしまう。そして「おいしい……でもきっと今、血はどろどろだ」と思いながら食べるピザやグラタンは楽しみ半減だ。

今回の検査であたしの最優秀数値分野は肝臓だった。「この数値の肝臓はＯＫね。アルコールの影響がこれでわかる。あなた、あんまりアルコール飲まないでしょ？」とドクター。とりあえずYesと答えておいた。昔からあれだけ飲んでもなかなか酔っ払わなかったワケはタフな肝臓のおかげだとわかった。

日常の小さな楽しみ

今まで行ったことのないマウンテンビューライブラリーに行ってみよう。マウンテンビューダウンタウン内のシティーホール裏手にライブラリー用のパーキングがある。日曜日は午後一時オープン。入り口がなんだかホテルのよう。まずはライブラリーカードをつくんなきゃね。

クパティノのライブラリーでつくったカードはロスアルトスライブラリーでは有効だけど、サンノゼライブラリーでは有効ではなく、私はロスアルトス用とサンノゼ用の二種類のライブラリーカードを持ち歩いた。そしてマウンテンビューライブラリーでは、また別の種類のカード。三枚目のライブラリーカードが財布の中に加わった。

このライブラリー、とってもきれいな二階建て。一階は子ども本やビデオ、ＣＤ、ＤＶＤ、ノンフィクションものがずらーっと並んでいて、二階は雑誌や辞書、大人向けの本がそろっていた。机は集中できるように三方が囲われていて、持参したパソコンがつなげられるような電源付き。

パソコンも自由に使えるし、コピー機もあるし、雑誌コーナーはとにかく種類が多く、そのそばには暖炉つきのソファーエリアがあって、新刊だけ読んで一日過ごせるほどのくつろぎ空間になっていた。

私はつくづく料理本が好きなんだと思う。借りたから何か必ず試しにつくってるかというとそうじゃないことのほうが多いのに、ライブラリーに行くとまずは料理本の棚を眺める。次に足が向くのは毎回お決まりのクラフト、ペイント、手芸本の棚の列。英語でも、そういう本は理解しやすいし楽しい。

モントレーの水族館。車で一時間半南下。水族館に入るとき、私はいつも携帯しているDe Anza collegeの学生証を提示。大人一名、学生一名、子ども二名で入館。映画館でも毎度このパターンで通用する。一度通ってつくっておいたDe Anzaの学生証は、こうしてなかなか便利に使えるスグレモノ。

これで二ドルは得するから、あたしの節約のおかげでジュースの一杯はFree。アメリカにいると忘れかけてしまう節約感覚を、こんなところで発揮する。

モントレーの水族館は見どころいっぱい。その中でもジェリーフィッシュ（クラゲ）が大好きで、その摩訶不思議な形状と動きに、水槽のガラスにみんなぺったり顔をくっつけて見入る。

ピンクのイソギンチャク、巨大なエイ、人なつこいペンギン、どれもこれもここのはキレイ。外のベランダみたいなところからは、モントレーの海が真下に広がるのが見れて、そのへんに野生のラッコやアザラシが泳いでたりする。底がはっきり見えるほど水がきれいな海。こんなところで暮らせるキミたちは幸せだね〜。

快晴のある土曜日。息子たちが補習校に行ってるあいだ、夫と二人でロスアルトスダウンタウン近くの Lincoln Park へ。その土日、ここで Fine Art Show が催された。アウトドアで数百ものアーティストの作品テントを眺めて歩けるなんて、美術館に行くよりゼイタクだ。

ワインテントで冷えた白ワインを買って飲みながら、はたまたそばで弾き語る生ギター演奏を聴きながらアートを鑑賞するなんてことは、普通の美術館じゃちょっと無理。

前にサウサリートのあるギャラリーで、面白い絵だなぁと気に入りながらもそのときは買わずに帰ってきてしまい、あとで後悔したことがあった。今回のこの Show にそのアーティストの絵が出品されてて、思わず足が止まる。あのときの！　今度は後悔しないよう夫が選んで絵を購入した。

翌日曜日も、息子たちを連れてやってきた。夫と私はまたワインを飲みながら鑑賞。長男は Los Altos High School JAZZ club の生徒たちの生ジャズ演奏にくいいるように見入っていた。「ぼくもジャズ演奏できるようになりたいなぁ。サキソフォンもいいなぁ、ドラムもいいなぁ」。やりたい楽器がいろいろあるらしい。

そのあと、昨日私の目がクギづけになった作品の前でやっぱり今日も足が止まる。これいいなぁ。息子たちと一緒に「わぁ、面白〜い」「どうやってつくったんだろうね」「これもいいねぇ」と、そこらに並ぶ作品をぐるぐる見て歩きながら鑑賞。目は値段のシールへ。この値段、例えばジュエリーや洋服、食器についていたとしたら私は高いと感じて買わないはず。

けど、この作品の値段となると全然高いと感じないどころか、買わなくっちゃと思ってしまう。今買わないと一生後悔する、とすら思えて、次の瞬間には夫に「来月の十三周年結婚記念品ということで買いませんか」ともちかけていた。あたしが購入意欲に燃えるときはふだんからそんなに多くなく、燃えた時点でほぼ買うモードに入ってることを夫はもうわかっていて「いいんじゃない」とひとこと。ガラクタアート購入。

遊園地で弾けたい気分だったある日曜日。車で「グレートアメリカ」に向かった。長男がまだ一歳で、乗れるものといえば二階建て回転木馬くらいのものだった昔を思い出す。今回はいきなり激しい乗り物から開始。横に乗った長男は両手をあげて余裕の顔。あたしは前方のバーから手が離せない。これ、けっこうコワイ～目がまわる～！

息子たちは飛び跳ねながら次から次に「あれ、乗ろう！」と駆けていく。朝から曇り空でまだ夏休み前の日曜日だったから、それほど客も多くなくてほとんど並ばずに乗れた。「スポンジボブスクエアパンツ3D映画」は、飛び出して見える上にシートがけっこう激しく動くから、その世界に入りこんだみたいな感覚になる。

ランチはニケロディオンカフェでバーガーをオーダー。ところがうちらがオーダーするところで店側がハンバーグパテを使いきってしまい、追加の生パテもまだ調理場に届いてないという、調理場自体が待ち状態になってしまった。

店側は「お待たせしてるお詫び」と言いながら、なんとバーガー代をほとんど払い戻ししてくれた。こっちとしては、でき上がれば食べるわけなんだけど、どうやら「申しわけない」という店側の気持ちのほうが強かったらしい。その後できたバーガーを食べたうちら、つまりはタダってことに。ラッキ～。

サンフランシスコ生まれのCさん一家と過ごす日曜日。今まで、自分たちが知ってる場所を人に教えたり案内したりということはあっても、こちらが案内されて一日過ごすなんてことはほとんどなかった。だからCさんの車のあとからくっついていけるなんて、ちょっとうれしい。

どんどん登り坂が増えてきて、途中の高級住宅地風なところを抜け、たどり着いたのはツインピークス。

あいにく視界五メートルくらいの深い霧に包まれて、Cさん曰く「天気がよければサンフランシスコ全景が眺められる」はずだったここからの眺めは、見事にまっ白け。でもこのへんで高校時代まで育ったCさんが言う。「夏でもここは六週間連続でこんな天気だったりすることもあるけどね」。

そこから降りていくと、ゲイの街、カストロストリート。いつも行くマウンテンビューダウンタウンもカストロストリートで同じ名前だけど、サンフランシスコのカストロは特別な場所。

通りにはレインボーの旗が掲げられてて、歩行者はほとんどが男性。手をつないで仲よく歩く男性たちがほほえましい。人目を気にする必要もなく、ここではのびのびとくつろいでた。

ほんとはその近くにあるチョコレート屋がCさんファミリーのおすすめだったんだけど、

この週末はメモリアルデーだったこともあって、あいにく閉まってた。いつかもう一度来なくちゃね。

サンフランシスコで一番古いミッションを見学。街なかに突然あらわれるそれは外観も中も趣きのある建造物で、日曜日の礼拝に訪れた人や観光客が静かにけっこう大勢出入りしていた。

Cさんち行きつけの店、Geary沿いにあるTon Kiangで飲茶。どれもおいしく久しぶりに満足の飲茶後、ゴールデンゲートパークへ。その中にある博物館&水族館に入るのも初めてだ。

見ながら歩くと、知らず知らずのうちにけっこう歩いてる。ひととおり見て外に出てきたときにはみんなだいぶお疲れ。外のステージでくり広げられていたダンスの練習光景を見ながらベンチに座り、持参したスナックで休憩。

五時を過ぎ、「Free Timeだから行こう」というので日本庭園へ。五時から六時の一時間だけ入場料タダというのも、その時間に行ってる人でなければ知らないこと。中には和風喫茶エリアもあったけど、Yさんの言うとおり、あやしげな着物を着たバイトのお姉ちゃんがあやしくお茶を運んでた。

おまけにギフトショップに並んでる物も、ほとんどが中国風の金ぴかギラギラグッズだ。これが日本風と思われちゃ困るよね……苦笑いしながら、店に並ぶ〝ラッキー仏陀（ブッダ）〟なるニマニマ笑顔の大仏置物を眺める。いつも行かないエリアにこんなに楽しいコースがあったなんてね。

結局一日じゅう曇り空、おまけに霧で肌寒かったサンフランシスコ。一時間ほど南下して帰ってきたうちのエリアは、夕方になっても真夏の青空が広がり、まぶしい陽ざしでいっぱいだったというのにね。

バースデーパーティ　――アメリカの定番――

長男が補習校の友だちからプラネタリウムバースデーパーティというのに呼ばれ、家族ぐるみのおつき合いなことから全員で伺うことになった。

De Anza College内のプラネタリウム施設を二時間貸し切り。おじさん（たぶん大学の先生）が投影してくれるプラネタリウムを、あの半分寝そべる姿勢のソファーに座って眺める。気持ちよすぎて眠りそうになる。いろんなレベルの映像を指定できるらしく、今回は主役に合わせて四年生レベルの物語を四十分ほど見せてくれた。

英語で語る宇宙の神秘。私の理解度は三十パーセント。そのあいだに主役の子の両親は別の場所に飾りつけと、ジュースやサンドイッチ、ケーキの準備をしていた。プラネタリウムが終わって会場から出てくると、じゃ、好きなのどーぞ、という感じに流れてゆく。ケーキを切り、紙の器に盛り、フォークを添えて二十人くらいの子どもたちに順にわたしていく大人たちの手つきは慣れたもの。

アメリカでは呼んだ側も呼ばれた側も関係なく、大人はとにかくすすんでお手伝い。お父さんたちがいればすすんでカメラマン。終わりの時間が近づくと、誰からともなくお片づけ。ゴミもまとめて、忘れ物があれば持ち主を探し、全員一緒に会場をあとにする。

次男のクラスメート、Remyくん六歳の誕生日会はサイエンスパーティだった。Remyはホッケー好きで、シャークスというチームの大ファン。チームカラーのブルーとブラックのバルーンが庭いっぱい飾られてた。子ども用のホッケーゴールやスティック、ヘルメットなどいっぱい自宅に備えてあったので、来た子からホッケー遊びがスタート。

しばらくしてサイエンス係のお兄さんが到着。三十人近い子どもを前に座らせてその前に立ち、いろんな話をしたり子どもたちに紙を見せてこれを燃やしたらどうなると思う？とか聞いたりする。

まるで学校。みんなは手をあげて意見を言う。そして実際に火をつけて、パッと空中へ飛ばして見せる。と紙の残骸もなくどこかに消えてしまってびっくり。次は主役Remyの手に液体をかける。どう？　と聞くと、冷た〜いと言う。そして、この液をこのコップにかけたらどうなるかな？

みんなの注目の中、お兄さんがかけてみせると、どろどろ〜っ。みるみる発泡スチロールのコップが溶けてゆく。子ども全員にそれを体験させてくれるお兄さん。今度は全員をテーブルにつかせ、Remyだけ前に出して、みんなの前でスライムをつくらせてみる。そして全員にもカップと液体がわたり、自分のスライムづくり。

飛行機の絵が描かれた紙と割り箸とゴム、テープ、プロペラが最後に配られた。お兄さんの指示どおりパーツをテープで貼ってゆくとプロペラ飛行機の完成。みんな席を立って、あちこちで飛ばしてキャーキャー遊び始め、そこでこのサイエンスショーは終了なのだった。気がつくとお兄さんはとっくに帰ってしまっていた。やることやって料金を受けとったら仕事は終わり。簡単だ。

前のほうにホットドッグ、ポテトチップ、ディップをつけて食べる生野菜、ジュースなどが用意され、セルフサービスで紙皿に好きなものをとってテーブルで食べる。ひとしきり遊んだら、今度はケーキの登場。ケーキまでブルーとブラックのクリーム。おまけにケーキの上にはトロフィーの飾り、ろうそくはホッケーで打つパックの形をしたものだった。ここまでいくともうただただ感心するばかり。

最後は前庭に集合。アメリカのパーティにはつきものの、バットでたたいて破くと、中からキャンディやおもちゃが出てくる張子のピニャータを子どもたちに順に叩かせ、全部ばらけキャンディーが散らばったところでワーッと群がって拾わせる。そしてファイナルはひとりずつにスプレー缶が手わたされた。よく振って、合図でいっせいにプッシュ。すると、プニャプニャの繊維状のものが発射されて子どもたち大喜び。

お互いかけあって逃げ回り、そのスプレーの中身がなくなる頃、時間を見たらちょうど終わりの時間。子どもだけ預けていた親たちもぞろぞろと迎えに来て、お土産をもらった人から帰る、という流れにのってうちも帰る。

日本人K家長男の誕生日会にはマジシャンがやってきた。

アメリカ人のマジシャンは大阪ちっくなボケをかまし、子どもたちにつっこみを入れられる、というかけ合いマジック。もうだいぶ英語での会話ができるようになってる子どもたちは、とぼけた演技をするマジシャンにも言う言う。

しかし子どもが座ってる座布団ごと宙に浮いたときと、空の箱に突然生きたうさぎがあらわれたときは驚いた。一時間きっちり仕事をしたマジシャンは、時間になるとさっさと片づけ、料金を受けとって帰っていった。そのあとは子どもたちみんなでプレゼントを開いてワイワイ。大人は飲みながらワイワイ。で、夕方解散。

アメリカ人はパーティで初めて会った人同士でも、英語を話す人とならばすぐにうらやましいほど会話がはずむ。そしてみんな話題の引き出しがいっぱいあって、静かに黙ることがない。

だけど日本人は小さい頃から受身で人の話を聞く、という感じで育ってきてるし、いまだに主張が強いのはよくないというお国柄。自分からいろんな話題をふって場を盛り上げることに慣れてないし、アピールすることがはっきり言って下手だ。

英会話がかなり不自由で話題にも偏りがあると、話す相手は限られてくる。下手な英語でもいろんなことに興味があって話そうという気持ちさえあれば、アメリカ人の知り合いが増えるきっかけになるんだろうと思う。

次男の友だちDavid六歳の誕生日会は、インディアンサマーと呼ばれる、九月はじめの暑い日だった。

庭には業者からレンタルのジャンピングがセットしてあって、来た人から自由にぴょんぴょん。そして今回のゲストは今までにないパターン。マリオとピーチ姫の登場だ。二人でかけあい漫才のように会話しながら、子どもたちをゲームにまきこんでいく。室内でワイワイやった後は外に出て、生クリームの中にいれたジェリービーンズを口だけで探す競争。みんな口のまわりをクリームだらけにして、なかなか上手に探して食べていた。日本で言えば、片栗粉の中のマシュマロ探しして顔が粉だらけってやつに似てるなぁ。

そしてマリオがバルーンで犬をつくったりする担当になり、ピーチ姫は顔にペインティングをしてくれる担当にまわって、子どもたちの希望を聞きながらひととおりやってくれた。二人が帰ったあとは、ケーキを前に歌を歌って、Davidがろうそくを吹き消しケーキカット。

Mom Mary（メアリー）が包丁でなんだかものすごく力をこめて固そうなものを切っているので、そんなに固いケーキなのかと不思議に思っていたら、それはよく冷やしたアイスケーキ。この時期そういう選択が正しいね。暑かったし、みんなぺろっとたいらげていた。

バースデーパーティ　――息子たちの場合――

夏休み初日の六月十五日。朝から快晴。八月に誕生日の次男のバースデーパーティを二カ月早くすることにした。私もマメにボランティアをしたおかげでキンダーのクラスの子全員と、その親を把握できとても楽しく過ごせたので、この日のために一カ月前にクラス全員にパーティの招待状を出した。

できるだけ多く参加してくれるといいなと思ってた。結果、出席の返事をくれたのは十五人。来れないのはその日家族旅行に出てしまうからという人たちだけ。

そうなると夏休み初日のパーティということもあるし、この顔ぶれがそろって遊べる最後の日でもあるわけなので、がぜん力が入る。

予約しておいたジャンピングは、昼にお兄さんたちが設置しに来てくれた。当日受けとりで頼んでおいたヘリウムガス入りのバルーン約二十個は午前中にもらってきて、庭のあちこちにくくりつけた。子どもたちが遊べるように買っておいた水鉄砲はビニールプールに水をためて浮かべておいた。シャボン玉グッズも庭の一角に置いて、好きなように使ってもらうことにした。

前夜にテレビを見ながら折り紙でちまちまつくっておいた飾りと、七夕の短冊は七月の日本行事として、ひとつ願いごとを書いてぶらさげれば叶うかも、というふうに教えてやりたかったので、ペンと一緒に竹の横に設置。去年長男が補習校からもらってきた竹をキープしてあったので、七夕もどきができるわけだ。

ケーキは前夜につくっておいた。次男のためにバースデーケーキを手づくりしたのは、実に一歳のバースデー以来。チョコクリームといちごを間にはさんだ長方形ケーキで、上には砂糖でできたバックスバニーのキャラクターシールをぺたん。このシールごと食べられるというスグレモノだ。これを貼るだけで、どこかで買ってきたようなケーキに見える。

クリスピークリームドーナツ三十個は高く積み上げておき、オーブンで焼けばいいだけのフライドポテト、トルティヤチップス、隅には氷で冷やしてあるジュース、水。

開始時間。急に都合で来れなくなった子ひとり、来ると言いながら来なかった子ひとりに代わり、来ると返事がなかった子がなぜか来てたりして多少の戸惑いはありながらも、人数的にはほぼ予定どおり。そしてわが家の庭がキンダーガーテン状態になった。

ジャンピングで飛び跳ねまくる子たち、全身ずぶぬれでウォーターガンで水のかけあいに燃える子たち(息子含む)、平和にブランコでゆれてる子たち、大きいシャボン玉を完成させるのに一生懸命な子たち。じっとしてない子たちだから、それは常に入れ替わる。そして、あの子が蹴った～と泣き出す子がいればよしよししてやり、転んで泣き出した子には you are strong！と励ます。すると涙をふきつつ、また遊びに戻ってゆく。つき添って残ってくれた Mom たち三人にもずいぶん助けられた。

ケーキはろうそく消しのためだけと思ってもよかったかもしれない。みんなドーナツだけでもニコニコだった。それに遊ぶのに忙しく、ちっともじっとして食べてない。力作の短冊も出番なし。みんな走りまわり跳びまわる。アメリカのパーティはほんとに気軽に考えていいみたい。

二時間がたち、ぞろぞろと親が迎えに来たので用意しておいたお土産をわたし、挨拶し合って見送り。二十分後には全員帰り終わっていた。

さて。夜になり、息子と一緒に誰から何をもらったのか紙にチェックしていく。こっち

わが家の庭で水遊びに興じる子どもだち

ではきちんとThank youカードというのを後日郵送するからだ。「レゴをくれてありがとう！」「ボールをありがとう！」と、くれた人にちゃんとうれしかったという気持ちを書いて伝える。どんなに小さい子でも自分の字で書かせる。それを全部書き終えてから、遊んでいいよー！

そして二カ月後の八月。みんなで朝昼兼用の食事をとっていると次男が言う。「今日、ぼくの誕生日だよ」。残りの三人は言う。「おめでとう。やっとホントの六歳だね」。キンダー児を大勢招待してのバースデーパーティから二カ月、この日が次男の本当の誕生日だ。

夏休みに入ると友だちの都合もあるからと思って早めにやってしまったわけだけど、あれだけパーティで大騒ぎしたにもかかわらず、今朝は「誕生日なのに何もないの？」と次男は言う。冗談でしょ？　あのプレゼントの山忘れたって言わないでよ。それでも、なんだか腑に落ちない顔をする息子。

どうもわが家は寿司を食べないと誕生日が終わらないという感じなので、しょうがなく、サニーベールのすしまるへ行き、なんだかんだで二重にバースデー祝いをして終わる。

十月。長男の十歳の誕生日。当日はクラスの子みんなに何かをふるまう、というのがアメリカのかたち。もらう日じゃなくてふるまう日、というのがはじめは驚きだったけど、これで誕生日会を兼ねられるというメリットもあって、なかなかいい習慣だなと思うようになってきた、アメリカ生活一年八カ月目の私たち。

また、アメリカの子はカップケーキよりもドーナツのほうが喜ぶということに気がついた。ドーナツなら近くのクリスピークリームドーナツをどかんと買えばすむし、こっちとしても簡単だというわけで、長男のクラスメート三十人と先生用と予備、計三十二個のドーナツを登校時に持っていくため、朝六時半、夫にドーナツを買いに行ってもらった。

マウンテンビューのクリスピークリームドーナツはなんと朝五時半からのOpen。帰ってきた夫は「けっこう客来てたよ」と報告。みんな早くからドーナツ食べに行くんだな。

一箱十二個入りで三箱買ってきた。四個のドーナツを取り出し、それをうちらの朝食にする。アメリカに住みはじめてから、朝から甘いドーナツとコーヒーで朝食、というかたちに抵抗なくなってきたというか、わが家はけっこう好きかも。そして朝食の途中で長男が言った。「今日はウォークデーだから、学校でもドーナツもらえるらしいよ」。

えぇっ！　そういえば去年も長男の誕生日はウォークデーで、学校でドーナツふるまってたっけ。

で、今回は登校してみたら去年ほど大々的じゃなかったけど、やっぱり来た人からドーナツがもらえるようになっていた。なので息子たちは朝八時半には本日二個目のドーナツを食べることに。

クラスメートにも配るから、長男はクラスでも食べることになる。そこで長男三個目のドーナツ。クラスメートも朝ウォークデーで学校からもらい、クラスでも息子からもらい……。とことんドーナツの日だ。

次男のときのような大パーティは今回やらないことに決め、本人も「もう十歳だもんね」と自分を納得させようとしていた。けど、それならなおさら家族で盛り上げてやらないとな、と思い、久しぶりに力が入る。誕生日といえばうちは寿司。にぎり寿司は週末に食べにいく約束なので、ちらし寿司をつくる。

それから日本にいたとき以来の、日本風の鶏の唐揚げ。ケーキはスポンジだけ焼いて、デコレーションを自分でやってもらうことにした。「十歳だから自分でやっていい」ということにする。で、家族からのプレゼントとカードをひそかに用意しておいた。

夜。さっそく本人によるケーキのデコレーション。十本のろうそくに火をつけて三人で歌う。そして夕食、と思ったところにプレゼントがあることに本気で驚く息子。プレゼントはないんだろうと全然期待してなかったらしく、喜びのあまり涙ぐんでいる。その姿を見て、まわりもしみじみ。こういうバースデースタイルが、うちには合っているのかも。

バースデーパーティ　――夫婦の場合――

二〇〇三年一月。私の三十五歳の誕生日。

三十五歳という年齢は、ちょっと特別な感じがしてた。子どものときは三十五歳といえばもう充分オトナだと思ってた。ところがいざ自分が三十五になってみると、なんだかまだオトナじゃない。まだまだ知らないことだらけだし、オトナですと言いきるのも許されないような雰囲気を外見的にも漂わせてる気がする。顔が丸い、というのもオトナ的にはちょっと不利だ。

その一週間ほど前の旅行先で、夜にビアレストランに入ったときはちょっと参った。たいてい店員は、先に人数を確認し、顔ぶれを見ながら子どもにはキッズメニュー（十二歳以下メニュー）を人数分まぜて席に案内してくれる。

ところがそのときテーブルに置いていかれたのはオトナメニューがひとつだけ。あとはキッズメニューが三つ。ついでにキッズ用の塗り絵＆クレヨンも三組あった。ん？　ちょっと待てよ。夫はどう見てもキッズには間違えられんだろ。え、あたし？

キッズメニューが置かれた手前、堂々とビールを頼んじゃいけない気がして、情けないことに夫が頼んだ六種類ビールテイスティングセットを、なんとなくこそこそと一緒に飲ませてもらってた。そんなこともあって決意。「今年は痩せてオトナになる」。頬がこける、なんて経験を一度してみたいものよ。

さてこの日、家族から誕生日プレゼントをもらった。長男からは小遣いの残りで買ってくれたきれいなバッジ。三人からは大きなくるみ割り人形。これは先日の旅行先で買ってたもので、見て知ってたけど知らないふりをしてあげてた。「なんだろーなんだろー?」と言いながら、いかにも知らないふりをして箱をあける私の姿に息子たちは《きっと驚くぞー!》と顔じゅうワクワク。

そして人形が出てきたときに「わー! お母さんの好きなくるみ割り人形だぁー! こんなに大きいの、くれるのー?」と喜んだら、息子たちのほうがしてやったり、という感じで大喜びだった。その後、陰で夫が私に言った。「これで知らないふりしなくてよくなったね、ご苦労さん」。

くるみ割り人形コレクターの私には何よりのプレゼントだった。夕方、誕生日杯パターゴルフ大会と称して、家族でエルカミノ沿いのパターゴルフ場へ。山あり、池ぽちゃありの十八コースが二種類。薄暗くなるまでやったあと、エルカミノ沿いのレストランに行き当たりばったりで入って夕食。

私の誕生日は毎年冬休み最後の遊びおさめという感じだ。

三月。夫の誕生日。

必ずスタンフォードショッピングセンター内、ラ・バゲットへ。ここはヨーロッパタイプのパン&ケーキ屋。敷地面積に対しての売上高がピカ一といわれる人気店。ケーキの値段は高めだけど、どれ選んでも間違いなくおいしくて、特別なときにありがたく食べるケーキ、という位置づけにしてた。夕食は唐揚げとケーキというのも夫の場合の定番。みんなで用意したバースデーカードをプレゼントして夫の誕生日を祝う。

さて、この日はケーキを食べながら、「そういえば今朝持ってった細胞模型パイの評判はどーだった?」と長男に聞いた。パイ皿に真っ青なジェロを流し込み、中に核、小胞体、ゴルジ体がわりの食べ物を入れて固めた、見るからにまずそうな色あいのパイを5th gradeの理科の勉強課題で提出してた。

あれをホントにみんなして食べたのか一日中気になってた。長男は言った。「ぼくの細胞見たとたん、みんな、あれは絶対食べよう! おいしそう! って目つけてて、食べる時間になったらみんなして食べてたよ」と。え、あれがおいしそう? みんなは一体どんなのつくってきたの? 聞くのもコワイ。

「どろどろプディングのまわりにガミーワームで細胞膜つくってんのとか、野菜のペーストみたいので細胞液にして、核はトマトにしてんのとか、ボウルにガミーベアぎっしり詰めて液がわりにしてんのとか……」。

その中じゃあ、真っ青ジェロ入りパイはまだまともなのかもね。

次男、「あ、そーだ。今日ね、ライアンがケーキ持ってきたんだよ」。なんで？　ライアンの誕生日じゃないのに？「うん、みんながね、ケーキ食べたいね〜って言ってたら、今日ライアンが大きいケーキ持ってきたんだよ。で、先生がカットして分けてくれたの」。

長男のクラスの細胞の食べ合いっこもすごいけど、食べたいからってケーキ持ってきたり、それをひき受けてみんなに配ってくれる先生ってのもなんとも……。現地の学校の様子を聞きながら苦笑いするしかない三十九歳になりたての夫と、腹をかかえて笑うあたし。

結婚記念日。会社帰りに夫は必ず花束とケーキを買ってくる。その年によって記念になるものを二人で買ってみたりすることもあるけど、こうした記念日には必ず花を心がけてくれる夫の気持ちにいつも感謝。

子どもたちの習いごと　——ベースボール——

次男が五歳の春、この季節に三カ月だけ行なわれる地元の野球チームに入団。練習初日の朝九時、グラウンドに集合。つき添いはほとんどどこもお父さんだ。チーム名はマーリンズ。フロリダの野球チーム名。どのチームも実際の大リーグのチーム名がついているようだった。そのほうがユニフォームも帽子も実際に店で売られている公式ものを使えるので、特別注文しなくてすむ。

一緒に入団している子のお父さんたちのうち、三人がコーチ。でも準備体操に始まり、三グループに分かれて行なうそれぞれの指導は、コーチだけでなく来ている大人たち全員の役目だ。

一グループが、コーチや数人のお父さんから「バットで球を打って、一塁、二塁、三塁、ホームというふうに走るんだよ」と教えられている向こうでは、二グループの子たちがボールの投げ方を教わり、その向こうで三グループの子たちは、ボールの受け方を教わる。当然、私も夫も初対面の子たちの相手をしGOOD JOB！などとほめちぎる。

ひととおりローテーションしたら今度は全員集合。コーチのかけ声でいっせいに大人たちが守備に立ち、子どもたちひとりずつにバッター体験。まだ五歳の、野球のルールもよくわかってないチビッコたち。帽子の上からバッター用の頑丈なヘルメットをかぶせられた姿を遠目に見ると四頭身。

ピッチャーの投げる球を打つなんて高度なことができるはずもないので、立てたT型の棒の上にプラスチックの球を置き、それをバットで打つ、というやり方で打たせる。バットにあたると、Run！Go Go！とまわりの大人からかけ声が。バッターの子はふらふらと一塁へ。その次は二塁、と思うのは大人だけ。横切って違う方向へ走りかけるので、あっちあっちと指さして教える。なんとか三塁もまわってホームベースを踏めると、ヒューヒューパチパチ大歓声。

中にはベースを踏まずにまわる子もいる。タッチ、タッチと声がかかると、足で踏まずに手でベースをタッチしてゆく子がいたり、ぽちゃぽちゃの子はよいしょ、よいしょと塁を走るのも一生懸命。

とにかくみんなのあまりの可愛らしさに、つきあって練習する大人たちも楽しくて仕方がない。あっというまに第一回目の練習は終了。次回は来週水曜日の夕方。平日の五時半という時間は、お父さんたちが来れる当たり前の時間帯なのだろーか。

練習第二回。夫が少し遅れそうだったので、私が次男と、家にひとり置いておけない法律になってるから長男も連れて行く。すでに八割がたのお父さんたちが子どもを連れて集まっていた。会社、そんなに簡単にきりあげられるのか、みんな。それも会社帰りってかっこうの人もあんまりいない。アメリカのお父さんたちはみんなTシャツやポロシャツ姿。夫到着後に体操が始まり、また三グループに分かれて練習。長男もなんとなく球拾いをして参加。

今日は最後にコーチが「ビッグポテトチップのプレゼントがあるぞー！」と言って、バッグをがさがさやりだしたので、子どもたちは全員ワーッとコーチのまわりに群がった。長男まで一緒になって「見たーい、ビッグポテトチップー」と群がろうとしたので、夫冷静に「ビッグポテトチップって、たぶんユニフォームのことだぞ」と声をかける。「え？ そうなの。なーんだ」と後ずさりする長男。「そういうことだったか……」。私も頭の中に描いた巨大なポテトチップを静かに消した。

くじ引きで背番号を決め、ユニフォームが振り分けられた。

練習第三回。前回もらったユニフォームを着ての練習。帽子もかぶり、小さいながらもイッパシの選手たちだ。球を打ったら一塁へ走る。次のバッターが打ったら二塁へ走る。やっと野球らしくなってきたな。

ベースボールの練習で大人から指導を受ける子どもたち

練習四回目で野球チームの初試合。試合といっても、各回それぞれのチームの子たちに順番に打たせ、走らせ、三回の裏までやって終了、というもの。途中「疲れたー」とか「まぁだー?」とか、守備側のチームどうし飛んできた球のとり合いになったり、ぶつかって泣いた子が「おかあさ〜ん」と退場したりと、五歳児ってそんなもの。

第五回。再び試合。マーリンズ対デビルレイズ。全員がひととおり打って塁に出て、ホームベースへ戻ったところで一回表終わり。

相手チームも全員打って塁に出て帰ってきて一回裏終わり、というふうに進んでいく。五歳の子たちがバッターの打った球をすんなりキャッチして一塁に投げられるとは誰も思っていないので、どんなにドタバタ状態になっても GOOD JOB！Nice！とベンチから声援の嵐。

ところがまれに、打った球をひとりがスムーズにキャッチして一塁に投げ、一塁に立ってた子が偶然にもそれを受けてしまうことがある。そうなると大人たちは「ワーォ！　野球になってる！」思いきり驚いて、びっくりのあまり大笑いしてしまうのだった。

いよいよ野球チーム活動最終日。今日はマーリンズ対ロッキーズ戦。飛んできた球を一塁の子が偶然キャッチしてアウトにしてしまうような場面も何度か見られるようになり、これもやっぱりコーチをひき受けて引っ張っていってくれた三人のお父さんたちのおかげだなあと実感する。

わきで声援をおくるMomやDadたちは、どの子にも大声でほめまくる。空振りしても「グッドスゥイング！」。球を投げそこなっても「グッドジョブ！」。とりあえず塁をまわってホームベースに戻ってきたら「グッドラン！」。これだけほめられたら、楽しくなっちゃうよね。

すべての試合を終えたあと、コーチがピザ屋を予約しておいてくれてチームの打ち上げ。

コーチはみんなにゆきわたる分くらいのピザと、子どもたち用のケーキ代を負担してくれた。あと、大人が食べたいサラダバーとか飲み物があれば、各家庭で買い足してね、とのこと。アメリカ人は全員そろうまで待つなんてしない。来た人からもうピザをとって食べ始めていた。

だいたい顔ぶれもそろったところで、コーチからひとこと「これからいろんなスポーツをやるだろうけど大事なことは楽しんでやることだよ」。一人ひとりにチーム写真とトロフィーが手わたされた。これはLos Altosベースボールなんとかと書いてあって、どうやらロスアルトス地区で野球に参加した子全員がもらえるものらしい。生まれて初めてのトロフィーに、みんな大喜び。

最後ということで昨日、コーチへのプレゼントをどうするかのメールが他のDadたちからまわってきた。アメリカは最後の日、お世話になった先生にプレゼントする習慣がある。コーチに対しても同じで、「スポーツ店のギフト券を、お金を出し合ってプレゼントしませんか」の誘いにうちも加えてもらった。

またうちの息子は、英語の指示を完全に理解しきれず、けっこうコーチに手間をかけてしまったこともあり、感謝の気持ちをこめてThank youカードを用意。三人のコーチに手わたした。

ひととおりのことがすみ、なんとなくひと段落ついたところで「どうもありがとう。楽しかったよ」と言いながら帰ってゆく家族があらわれ始めたところが解散時間という感じで、春の野球チーム体験は楽しく終わった。

子どもたちの習いごと　――剣道――

長男が日本で習いはじめた剣道をアメリカでもなんとか続けさせてやりたくて、渡米直後の早いうちから道場通いをはじめた。それから一年たって二〇〇二年五月五日。長男の剣道プロモーションテストの日。

息子にとって初めての剣道進級試験。マウンテンビューにあるブッディスト・チャーチが今回の会場だ。長男は六級として認めてもらうためのテストを受ける。一番小さい年齢から数えて三番目の長男。身長一三〇センチ以上はあるのに、大きな大人たちの中にいるととてもちっちゃく見える。

テストは審査官の前で「切りかえし」をやってから、一分間の試合をやって見せることになってた。ずらーっと並ぶ審査官や剣士たちの前で、息子はあきらかに緊張。いつもの大声が出ていない。そしてあっというまに終わった。でも全員終わるまでその後も自分の場所で見て待ってなくちゃならない。つき添いの私も結局全員のテスト風景を眺めつつベンチで三時間半も過ごすことになった。

あとになればなるほど見ごたえのある上手い剣士が登場。向こうの会場では、有段者のテストをやってるようだった。ちびっこ組の息子もいつかあんなふうに迫力ある試合をする日がくるのだろうか。

二週間後。北カリフォルニア地区のあちこちの道場対抗の試合。パロアルトのブッディストチャーチに集合し、十歳以下の部で長男は出場した。

その年齢の出場者は他の道場からの選手をあわせても六人くらいで、毎度顔ぶれも決まってきてる。この日も長男は、サリナス道場の、強いA君といきなり対戦だった。二分間の試合で決まらないと延長戦となる。

試合開始。相手が強くても勝ちたい気持ちがちょっとばかしある息子は、大きな声を出して応戦する。剣だけで勝負がつかない子どもたちは、どうしても甲手どうしの押し合いになる。そしてぐーっと押された息子はじりじり後ろにさがり……。あれっ、なんか警告されてる。試合再開。そして甲手どうしの押し合いがまた始まった。A君の力の強さに息子はひっくり返り、立ったところでまた警告が出て、なんだかわかんないうちにA君が勝ちということになって終わってしまった。

足が場外に出てしまったのが違反だったらしい。出ちゃだめなの？　ルールを知らなかった母。そしてやっぱりというか、ルールを全然知らなかった息子。これで今日の出番は終わり。場外がなければなかなかいい試合をしてたと思う、と先生の言葉に励まされる。

夕方道場へ迎えに行くと、表彰式が始まっていた。今回のトーナメントの団体戦はサリナス道場が優勝で、わがサンノゼ道場は準優勝だった。でも有段者の個人戦ではサンノゼ道場にも優勝者や準優勝者が多く、あらためてサンノゼ道場は素晴らしい選手ぞろいの道場だったんだなあと感動する。

四カ月後。北カリフォルニア地区剣道トーナメントの日。うちから車ですぐのマウンテンビュー道場が会場。初戦の相手が欠席したので、息子はまず不戦勝。十歳以下は五人しかいないから、この時点でもう息子の三位は決定という。

次は毎回優勝候補のサリナス道場A君と対戦。声だけは大きい息子。やる気まんまんという感じではりきって向かっていったら、面をとられてしまった。それでも三位なわけなのね、という感じで息子の出番が終了したので、夫、次男、私はいったん帰宅。

夕方、夫が迎えに行くと息子の手には三位のトロフィーが。一度も勝ってないのにトロフィーもらっていいのか。

近くスコットランドで行なわれる世界大会に、アメリカ代表選手としてサンノゼ道場から三人も出場するという発表があった。アメリカ代表。ちょっとすごいなぁ。そんな人たちと息子はふだん一緒に練習してたのか、それもすごいなぁ。

日本語補習校に通う日本人として

補習校四年生の長男のクラスでこの十年間でできるようになったこととか、思うこと、自分の意見などを一分間ほどで言えるくらいの分量に文をまとめておくように、という宿題が出された。そして「『十歳を祝うスピーチ』というのをやるから十一時に来てください」という手書きの招待状を長男からもらった私。

スピーチだから、できれば紙を見ないでみんなのほうを向いて話せたほうがいいと思い、夜に少しと、学校に行く前に少し練習させた。

前夜には「時間があれば見にいらしてください」と、担任からの電話連絡までまわってきたけれど、正式な授業参観でもなく、授業のひとつという認識しかなかったし、朝息子を送って帰宅し、その時間にまた学校まで出直すのも面倒だなぁという気もした。

息子のスピーチは家での練習を聞いて内容もわかってしまったから、息子には「行くかどうかはわからないけど、その調子でがんばってスピーチやってね」とだけ言っといた。

息子も淡々とした様子で「うん、わかった」と、実は放課後から友だちの家へ泊まりに行くことになっていたから、本人も頭の中はそっちの楽しみのことでいっぱい、という顔をしていた。

ところが、十時五十分頃から迷いが出てきた。行ってスピーチしている子どもの姿を見てやる、ということが親として大事なことかもしれない、という気持ちと、どーせ家でしゃべった内容を読むだけだろうし、この時間で掃除機でもかけといたほうがよっぽどいいかも、行くの面倒だし、という気持ち。

そして十一時になったとき、行かなかったら自己嫌悪に陥るかも、という気がしてきて結局行くことにした。このときはまだ、やれやれ、なんで十歳を祝うんだかわけわかんないなあ、と思っていた。

クラスの前に立ってた私に気づいた息子が「おっ、お母さん。来たの？」と声をかけてきた。「やっぱ、来たわ」と答えると、「ぼく、一番にスピーチだから」と言って、席に戻っていった。え、一番？　いきなり？　なんで、そんなに淡々としてるわけ？

クラスに入ると黒板に「二分の一成人式〜十歳を祝おう〜」と書いてあった。そうか、二十歳の半分なのか……。ようやくこのスピーチの意味を知った。前方にはスピーチをする人がつくテーブルと、その上にはそれらしく花も飾ってある。スピーチの順が印刷された紙も用意され、それを見ると確かに息子は一番目に名前があった。

ひとりが「これから、ぼくたちのスピーチをします」と始めの挨拶をして、デジカメのズームを調節する間もなく、もう息子が前に歩き始めていた。そして家で練習したとおり、大勢の前でスピーチをする息子。

まっすぐ前を向いて話をするというのは大人だって難しいし緊張することだけど、あっというまにそれをやり終え、深々と礼をして席に戻っていった。驚いたのはその後に続く全員が、その子なりの言葉で考えや夢を一分のスピーチとして、この大勢の前で発表したことだった。

私が四年生のとき、人前でこうしてしゃべれただろうか。あがり症だったから声は上ずり、顔はこわばって大変だったことばかり思い出される。

全員が終わり、また息子が前に出ていった。おいおい、もう終わっただろーよと思って内心焦っていたら、息子は終わりの挨拶をし始めた。そうか、担当だったのか。そして息子の合図に合わせて全員いっせいに「ありがとうございました！」。親は大拍手。

うーん……こんなちゃんとしたスピーチを聞けると思ってなかったぞ。ちょっと感動したなぁと思っていたら、担任から「お父さん、お母さんから一言ずつ感想をお願いします」と言われ、親のほうが人前で話すことに慣れてないのがバレバレ。

でもみんな、これだけは言いたいという感じで、「こんなに立派にスピーチをしてくれるとは思わなかった」とか、「言われてみれば成人の半分まで育ったんですね」とか、「アメリカの大変な勉強量の中でこうしてがんばってる子たちは素晴らしい」、そういったほめ称える言葉がほとんどだった。

中には感動で涙声になるお母さんや、それにつられて泣く母数名。最後は担任が「このクラスはふだん騒がしいくらいに元気がよすぎるんですが、こうしてやるべきときにはきちんとやる子ぞろいで、私はこのクラスの担任になれてほんとにうれしくて……」と涙ポロポロ。

二分の一成人式という発想も素晴らしいし、こういう機会をつくってくれた先生のおかげで、親子とも感動の一日になった。

三月の年度末。長男にとって補習校四年生最後の日。四年生は「ごんぎつね」の劇を三年生の前でやることになってて、息子は主役の兵十の役。兵十は四人いて、そのうちのひとりということだったけど、もっと脇役でいいのに、なんでヤツにはいつも重要な役がまわってくんのか謎だ。

去年の「三年峠」のときもそうだった。主役なんて任されようものならプレッシャーで気が滅入るかもしれない親とは対照的に、本人はなんかいつもひょうひょうとしてる。

家でセリフをちょっと言わせてみせる。棒読みなセリフまわし。思わず「今日は魚がたくさんとれるぞーっ！　っつって、もっとうれしそうにおおげさにやらんと、うしろの人に聞こえないんじゃないの?」などと、おせっかいに指導。おまけに先週夜には担任から電話がかかり「『てぶくろをかいに』の朗読も最後にやってくれる?」と、長男は頼まれている。

だからその本も長男は部屋で眺めてたようだった。けど、あっというまに部屋から出てきて、次男と一緒にテレビで「スポンジボブ」を見始めた。ホントに大丈夫なんだろーか？

不安でたまらないのは親ばかりなり、の昨夜。

この日、新学年にそなえて紀伊國屋書店が学校にワークブックを販売しに来ることになってたのでちょっと早めに学校へ。長男の五年生用とこの春入学の次男の一年生用ワークブックやノートを購入。学校はラストデーで通常より一時間早い終了。長男が出てくるのを外で待つ。ぞろぞろクラスメートが出てくる中、息子はなかなかあらわれない。おまけに外の通路には三個の弁当箱が置きっぱなしで、そのうちの一個は息子のだ。

またか……と思いながら教室をのぞくと、通信簿やらもらったプリントがまだ机の上に置きっぱなしでカバンにもしまってない息子の姿。「なんであんたはそうやって遅いわけ？もうみんな外に出ちゃってるじゃないの」。あきれる母の気も知らず、「ほら、学校から紅白まんじゅうもらったよ」と見せる息子。

「いいから早くカバンに入れて。で、外でる前に最後に先生にお礼言いなさいよ」。お母さん方が先生と挨拶し合ってるのを見ながら、ちょうど途切れたころを見はからって息子は担任に近づき、大きな声で元気に言った。

「先生、一年生、どうもありがとうございましたっ！」。ちょっと?!「一年間」でしょっ？

あわてて声をかける私。「あ、そっかー！　一年間だった！」という息子に、担任は大笑いしながら「一年生は今度から入ってくる弟くんじゃないの〜」。まだ残ってたお母さん方やクラスメートにも笑われつつ、もうほんとに最後までお世話かけまして……とあたしもぺこぺこおじぎしつつ四年生生活終了。

まったくもう……という感じで歩いていたらクラスメートのお母さんNさんから「お宅の息子さん、劇も朗読もうまかったわね〜！　いつもほんとにしっかりしてていいわね〜。それにひきかえうちはもう……」と声がかかる。え？　最後までこんな状態なのに一体どこがしっかり……？


春になり、補習校の一年生になった次男。さっそく親睦会ということで、学校終了後、近くの公園に弁当持参で集まることになった。オルテガパークが本日の会場だ。

一組と二組の親睦会の日ということだったらしく「一組はこちらへ、二組はこちらに座りましょうか」と、公園のテーブルのところになんとなく集まる。

一組のほうにアメリカ人父のファミリーが一家族だけいて、彼らは一組側のテーブルにつくなり、持ってきたランチをパッと開いてニコニコしながらさっさと食べだした。それを見て、一組の人たちはまわりをやや気にしながら「いいんですかね？　もう食べても……いいですよね？」という感じで、テーブルについた家族から弁当をひかえめに開いて食べ始めた。

ロスアルトスの学校でキンダーガーテン児だった去年の次男のクラスで、こういうふうにランチ持参で公園に集まることが何度もあったけど、やっぱりどの家庭も公園に来た人からランチを開いてマイペースで食べ始めてた。そりゃ初めは、「みんなが来るのを待ってあげないのかな」とちょっとびっくりしたけど、みんながみんなアメリカ人は、そんな感じでさっさと自分の子どもと食べ始めるから、だんだんそれで慣れてきてしまった。

みんながそろって食べることが重要なんじゃなく、みんなで遊べる時間に重点を置くと結果そうなる、と。一組のアメリカ人父ファミリーがまさにそうだし、今じゃうちらにとってもそれが普通。

だから自分らも二組のテーブルについてすぐ「じゃ、座って食べようか」と次男を座らせ、おにぎりの包みをさっさと開こうとした。ところがクラス委員さんはご丁寧に紙のテーブルクロスも持参で、公園のテーブルの汚れを気にしてきちんとかけはじめてくれた。そして「じゃ、座ろうか」と座ったのはうちだけ。あれ？　でももうあたしもけっこうお腹空いてしまってて、次男も食べる体勢に入ってたから「もういいよ、食べな」と息子におにぎりをパクつかせた。それを見て「じゃ、食べましょうか」となり、みんなやっと座って食べ始めてくれた。そのときつくづく、日本人社会ってこうだったなと感慨深いものがあった。

親睦会そのものは子どもがまだ一年生ということもあって、夫婦参加のファミリーも数組交じってた。夫も補習校関係の父たちとゆっくり話す機会がないから、その日はいい機会だったに違いない。母同士だけでしゃべるより、父親が交じると話に幅が出て面白いことも多い。だけど、日本人のお父さんたちって、自分からは話のきっかけつくらないのね、黙っちゃって。

しょーがないなぁとあれこれこっちからたずねてみたら、なんだかうれしそうに、自分の話すときがきた、という感じでしゃべり始めてくれる。それが日本人の男、と言われちゃしょうがないんだけど、自ら話のきっかけをつくる社交性と愛想がもうちょっとあればいいのにな。

子どもたちは公園の遊具やボールでさんざん遊び、親はお天気の公園でのんびり座ってその光景を見ながらのおしゃべりで、楽しく三時間を過ごせた。けど、話が途切れるたびに「そういえば……」って話をきり出して話題を提供するばかりのあたしは、最後のほうで、きり出すネタにも尽きてしまったぞ。

クラス委員さんは、みんなにゆきわたる数の棒アイスやジュースなどもクーラーボックスに用意してきてて、まぁなんて準備のいい……と感心してしまう。クラス費からじゃなく、自分ちにあったのをただ持ってきただけだからと言いながら配り歩くそのきめ細やかさに、日本人の母親ってこうなんだよね、あたしも昔はこうだったかもしれないのに、ずいぶん変わっちゃったなと思った。

アメリカ現地校の小学生として

四月。アメリカがまだ植民地だった頃の生活を再現してみましょう、という「コロニアルデー」というイベントが5th gradeの勉強のひとつとして行なわれた。企画自体は毎年恒例かもしれないけど、リーダーシップをとって準備したり盛り上げたりするのは、すべてその年の5th gradeの子の親にかかっている。

それまで長男の学年で、今まで私は一度もボランティアを名乗り出たことがなかった。いつも次男のほうにばかり参加して、高学年のほうではかえって英語の面でも足手まといになるだろうと積極的にはなれなかった。けど丸一日のイベントだし、各ブースのボランティア一覧を見ると、時間帯によってはあきらかに人手不足で、一生懸命ボランティアを募るメールが三週間前から5th gradeの親に送られてきていた。

クッキングのブースならちょっとは手伝えるかも。朝いちの二時間のシフトに名乗りをあげると、クッキング担当のリーダーから時間帯の確認の手紙がご丁寧に届き、Thank you Yukari!とサインが。この時点では当日何をどのように手伝えばいいのかわからないまま。「Boysは無地シャツ&野球ズボンかジーンズをひざまであげて、ハイソックスをはいてきてね。Girlsはコットンのドレスで来てね」と服装指定。ボランティアMomも当時を再現するようなコスチュームで参加するように、という案内の紙を学校からもらってきてた。イメージ的には「大草原の小さな家」。ロングのフレアスカートにアイボリーのシャツ、革ブーツ、うちにあるのはそんなもん。息子も白ポロシャツ&膝丈ジーンズ&ハイソックスのいでたちで登校。

あればビスケットやアップルソースのレシピ、FOODの寄付は大歓迎とあったので、料理本の中から大昔のアメリカのビスケットのつくり方を探して、そのとおりつくったのをレシピのコピーとともに寄付。

当日のサイエンスルーム。時間に行くと、Momたちがテーブル三つに花を飾ったり、りんご皮むき機をテーブルに固定したり、すでにいろいろと動き回っていた。みんな見事に大草原の小さな家ローラの母状態の服装だ。ダウンタウン内にある「コスチュームバンク」でそれなりの衣裳をみんなお金まで出してレンタルしてきたらしい。

で、一体何を手伝えば？　うろうろするあたし。そしてなんとなく話の流れから、一のテーブルでバター、二のテーブルでビスケット、三のテーブルでアップルソースをつくるらしい、各テーブルに二名ずつボランティアがつかなきゃらしい……と察する。

Momたちはさっさと「あたしはアップルソースを担当するわ」「ビスケットをやるわ」と、自分のつきたいテーブルにつく。一のバターのテーブルには唯一Dad、ミスターNがボランティア参加でさっそくもう何やらひとりでシェイクしてたので、一緒にバター担当をさせてもらうことにした。

ベビーフードの空きビンにビー玉が一個。これに半分量までヘビーホイップクリームを入れて、ひたすら十五分ほどシェイクさせてバターをつくらせる、というテーブル。なんとなく固まってきただけでは、まだそれはただのホイップクリームで、さらにもっと底に汁がたまるまでシェイクしなきゃバターにならないらしい。で、出てきた汁がバターミルクということになるんだって。

そうか～！　バターミルク名でパックに入って売られてるのは、バターつくったあとの汁だったのかぁ～！　ひとり謎が解決して晴れ晴れしてると、子どもたちが十五人ずつ到着。なんと、子どもたちの服装もほぼ完璧。ローラやメアリーみたいな女の子やナポレオンのような服装の男の子たち。なんでそんな服、みんな家にあんの？

リーダーのMomが流暢に、子どもたちにこのクラスでやることを説明。そしてテキパキと五人ずつテーブルにふり分ける。やってきた子どもたちに楽しくやり方を指導してくれるボランティアDadミスターN。あたしは振りが足りない子を手伝ってシェイクするくらいしか手伝えないから、ときどきみんなの様子をデジカメで撮影。

できあがったのを、ボールにひっかけたざるにあけ、上から軽く水をふりかけ、それを器にとってちょっと塩をふる。混ぜ混ぜすればフレッシュバター完成だ。二のテーブルでは同じタイミングでビスケットも焼け、三のテーブルでもアップルソース完成。ソースをスプーンですくって食べたあと、みんなして熱々ビスケットにフレッシュバターを塗って味見。おいし～い！ これ、うちでもやんなきゃ～。

三グループがめぐってきたあと、私のボランティア担当時間終了。二時間あっというま。しかし、いつも感心する。MomやDadの熱心さ。盛り上げ方のうまさ。手際のよさ。イベント会場には先生の姿はほとんど見かけない。担任の仕事は前もってやっとくグループ分けだけ。あとはボランティアの親たちの活動に信頼を寄せてる、そんな感じだった。

六月十三日。現地校の年度末。息子たちはアメリカの子に交じって5th gradeと1st gradeの学習をほんとによくやってきたと思う。昨年度は三分の二ほど親の手助けが必要だった4th gradeの長男の宿題や課題。今年度は四分の一程度の夫の手助けで長男はこなすことができた。あたしはもう5th gradeの勉強の前では無力だった。難しすぎて。

長男ももう、あたしには頼ってきもしなかった。あたしがエラソウにできるのは日本の五年生のほうの国語だけ。はたで見てて、気の毒に……と思ってしまうほど現地小学校の5th gradeの課題は大変な内容だった。けど息子は、アメリカ人の5th gradeたちとほぼ同レベルにこなした。あたしはその努力と根性にもう頭が上がらない。

1st grader次男のほうはといえば、アニキがいるから何をするにも自分より大きい子と交じるほうが楽しげで、本人、クラスで一番年少とはいえ別に問題もなく、どっちかといえば小さい体に似合わないでっかい声で大きいアメリカ人の子たちをしきったりしてた。

週に一度の、三分間三十問計算テストで普通なら平均二十五問くらいはこなすと思われるのに、次男の解答率は十五問平均だった。次男の場合、八月生まれなために、まだ日本の幼稚園年長の年齢。「十三－七＝」という問題をさっさと解けるはずもなかったんだけど、時間をかけながら、指も使いながら、やればとりあえず答えは書けるようになった。

一方、補習校のほうは現地校から半年遅れでようやく一年生になり、一学期になったところ。「八＝五＋？」というレベルなんだから、次男も現地校では年齢に合わず困難なことを求められてきて苦労したはずだ。

はじめの頃にやった5th gradeの担任との面談で夫は「外国人ということで言葉の面で不利なのはよくわかってるし考慮してあげたいけど、アメリカ人の同じ学年の子たち同等にがんばってみてほしいと思います」と、長男についてそう言われた。

英語が完璧じゃないんだからできなくて当たり前、という親側の弱気を打ちくだく言葉だった。子どもたちに限界ぎりぎりまで求めてやらせ、そして気がついたら頭にしっかりこびりつくような授業をする担任だった。おまけに若くてきれいで、おしゃれで元気。子どもたち、言うこと聞いてついていくよね。

次男の担任は 1st grade 担任歴二十年のベテランだった。アメリカの先生は担当学年を毎年ころころ変わらないから、先生も年を重ねるにつれ自分の担当学年の子どもへの指導がうまくなるばかり。その中でも評判どおりの、子どもの心をしっかりつかむ担任だった。

宿題も多かった。一年坊主が帰宅してすぐ宿題やスペリングテストに備えた勉強にとりかかるのは当たり前、の図をつくってくれた。おかげで一日一回は机に向かうのが習慣づけられた。子どものことを思えば、宿題は何かひとつ出してくれるのが先生の愛だと思う。

夏休み

アメリカに来てからずっと子どもたちの体調が良かった。規則正しい早寝早起きのおかげだと思う。だから夏休みもそれを崩すつもりはなく、朝はいつもどおり六時半には起きるようにしていた。

長男には、朝食と夫の弁当づくりを手伝わせた。料理は能率よくやらないとムダな動き

1st grade OPEN HOUSEにて

が多くなって時間ばかりかかってしまう。何をするにもムダな動きの多い長男に要領よく物事をはかどらせることを教えるには、料理が一番だ。それに息子たちは今なんだか料理に興味がある時期。

前に長男が、日本語補習校からもらってきた校長のメッセージの中に面白いものがあった。それは《十八歳までに》というタイトルで、アメリカは基本的に十八歳の高校卒業で大人になるという考え方から、それまでに身につけておくべき十二のスキルが記されていて、私はとっても感心した。

人間として勉強ができることよりも何よりも、それができればカッコよく、尊敬される大人になれるだろうなと思えるようなことが書いてあったからだ。普通ならやれて当たり前のことかもしれないけど、ひょっとして今の子どもたちにはまったくできないことだったりして、とも思ってしまう。子どもが悪いんじゃなくて、やる機会がなくてできないのかもしれない。

各スキルには三項目とエキストラのスキルが並べてあり、中でも《家事能力》と《社会的技能》が日本の子には必要なんじゃないかと校長は思っている、と締めくくってあった。

《家事能力》の欄には、一般的な朝食・昼食・夕食をつくること。だいなしにしないで衣服を洗い、アイロンをかけること。ボタンをつけ裾を仮縫いし、自分の靴を磨くこと。

そしてエキストラ項目として、一からパンまたはケーキをつくること、とあった。そういうことができれば、どこへ行っても困らずに生活できるかもね。今は大人だってできないんじゃないの？　特に、日本人の男たちは。

《社会的技能》には、知らない人と十五分間話をすること。数分間小さな友だちのグループの前で話をすること。すべての人がその意味をわかり、笑うであろう冗談を言うこと。エキストラ項目として、パーティで楽しめる社交ダンスを習うこと、とあった。

日本人には慣れていないことばかりだけど、日本を離れた生活の中ではどれも必要だと気づかされることばかりだ。これまた日本の男は逃げたがることばかり。先日も、アメリカに来てる日本人のお父さんたちは愛想のない人が多くてびっくりする、という話で英会話の先生と盛り上がったところだ。

他に息子たちに経験させたほうがよさそうだと思ったのが《工作能力》の、特別の穴をあけることなくまっすぐに絵画を吊るすこと。汚すことなく手際よくペンキを塗ること。工作道具の機能を知り、家の中で使うことができること。ケガをすることなくナイフを研ぐこと。

さらに《戸外での能力》の、軽はずみに動くことなく、友人と終日ハイキングをすること。餌を針につけ、魚を釣り、針をはずして魚を料理すること。友人との週末キャンプの計画をたてること。野外の動物を友だちのように感じられること。

同じ年齢でも、日本人以外の人のほうが大人に見えるのは、こうして子どもの頃から自己管理やまわりとの関わり方を学ぶからなんだろうな。ワールドカップで喜ぶのはいいけど、まわりに迷惑かけまくって騒ぐ人たちの様子がニュースで流れるたび、こうやって日本人が皮肉られていることに気がついてもいないんだろーな、と恥ずかしくなってしまう。

さて、このあたり、なんとなく夏休みらしくない。その理由は、蝉の声が聞こえないからかも。〝夜は寝苦しく、朝からジトジトと汗が吹き出し、おまけに早い時間からミンミン、ジージーやかましい蟬の声が聞こえてきて、さらに暑くなっちまう！〟なんてことが、カリフォルニアだとない。

庭でサッカーをしてた息子たちですら汗をかかなかった。でも陽ざしは強いから、日焼け止めを塗らないとすぐ日焼けする。そして湿度が低いおかげで、肌はいつもさらさら状態だ。過ごしやすくて快適だけど、日本の汗ベタベタ夏休みを子ども時代に過ごした者としては、あれはあれで夏らしい思い出なんだよな、と思う。

蟬の声がだんだんカナカナに変わってきて、夜になると鈴虫の声が聞こえ始め、やっと少し寝やすくなってくると、もう夏休みが終わるんだな、秋になってきたんだなーなんてしみじみ子ども心にも感じられたもの。

でもここにいると、そういう季節のはっきりした変わり目がない。だいたい春から夏の変わり目がよくわかんないまま夏休みになっちゃった。二〇〇二年はだいぶ前から暑い日が続いてまだ夏らしい感じだったけど、二〇〇三年の夏はホント涼しかった。

そんなこともあって子どもに「夏といえばどんな食べ物が思い浮かぶ？」なんて質問をしてみたら、あきれるくらいに悩んでくれる。仕方なく「お母さんはナスビだな。子どものとき、夏休みにおばあちゃんがナスビの料理をよくつくってくれたから」ときっかけをつくると、長男が「ぼく、スイカ!」と思い出したように言う。

次男は「?」。せめてアイスとかカキ氷とか言ってほしいと思うけど、アイスなんてアメリカじゃ一年中食べてるものだしなーと思っていると、「おもち」などとトンチンカンなことを言い出した。

やれやれ。これは日本人として危ういかもしれない。ドキドキしながら「じゃ、節分はいつかわかるよね?」と二人に質問したら答えが出てこない。「節分てほら、豆まきするやつでしょ。おじちゃんちでさ、アメリカ行く前に海苔巻きかじったりしたじゃない。ってことは何月だっけ?　季節はいつだっけ?」。

やはり答えは出てこない。頼むから日本の行事の本、そこにあるから読んどいて。

次男の六歳向けドリルに《おとうさんやおかあさんには、どんなときにお世話になるでしょう。言ってみましょう》という問題があったので、次男に「おとうさんはどんなことしてくれる?」と、軽い気持ちで質問してみた。

次男、悩んでいる。「じゃ、おかあさんはいつも何してるっけ?」。これについても腹だたしいくらいに困った顔をして悩む。そうなるとあきれを通りこしてここまでなんにもわかってなかったのかと焦りが出始めた。

気をとり直し、長男にも「母の日は何月？　父の日は？　んじゃ敬老の日は？」。どれか答えてくれることを願うが、どれもサッと出てこない。そのうち次男の口から出てきたセリフが「おとーさんはプラモデルをつくってくれる。おかーさんはごはんをつくってくれる」。次男にとって、それだけの存在だったのか……。つくづく悲しかった。

六月半ば、夏休みに入ってすぐ、息子たちと三人で映画を観ることにした。平日の映画館はガラガラだった。そのとき夏休みに入ってたのは、ロスアルトスエリアだけ。息子と同じ小学校のTシャツを着てる子をひとり発見。おじいちゃんが孫を連れてきたとか、うちみたいに母が子を連れてきた、といった客が数組いるだけだった。

昼用につくっておいたサンドイッチとジュースを持ちこみ、中の売店でポップコーンだけ買ってまずは腹ごしらえ。ポップコーンには普通の味と、上からバターをたらたらかけるバター味があった。手がべたべたになりそうだから避けてきたバター味だけど、その日は店員さんの英語がよく聞きとれず、あいまいにうなずいてしまったらあっというまにバターをたっぷりかけられてしまった。

その日の店員さんはダウン症の女性だった。映画チケットにハサミを入れてくれた係の人は車椅子にのった男性で、手に障害があり、もち上げにくそうだったから、客のうちらのほうから男性の手にあるハサミに近づけてカットしてもらった。

映画はいつも週末にばかり観に来てたし、お客の多い曜日にはいなかった係の人たちだ。でもこういう平日の余裕のあるときには、体が少し不自由な人たちにも働く場を与えてあげるんだなぁと、アメリカのそういうところになんだかとても感心しながら、バターたっぷりポップコーンをほおばってみた。ん？ おいしい！

その日観た映画『SPIRIT』は繊細なアニメで、ユタ州かどこかと思われるアメリカ内陸風の背景が素晴らしかった。私の好きなインディアンが私の好きな感じで登場してくれて、馬たちの視点から人間を見たら、ほんとにこんなふうに身勝手なやつらなのかもしれないなぁという気がした。

四月に行ったサウスダコタとワイオミング州の景色やインディアンに関わる資料なんかを思い出して、ホッとできた映画だった。なんでも観てみるもんだな。

夏休みのあいだ、こうして息子たちをひき連れて何度も映画館に出かけた。子どもの映画料金は$5（五百円）ちょっと。おかげで映画の世界がとても身近になった気がする。

メジャーリーグ観戦

夏休み最終日、野球観戦の日。モントリオールエクスポズ対サンフランシスコジャイアンツ。夏というのに気温摂氏十五度のサンフランシスコ。球場周辺の駐車場には試合開始を待って車のそばでバーベキューする姿があちこちで見られる。夏でもサンフランシスコに来るときは、いつもしっかりジャンパーで防寒。球場内に入ると、ショッピングモールみたいにいろんな店が並び、ホットドッグやビール、ジャイアンツグッズを買う人であふれてた。

店の向こうには、観客席と野球場のきれいな芝が見えた。私たちの予約席は三塁側外野席。日本の野球観戦と違って、笛ピーピー、太鼓どんどんのサポーターみたいのはいなくて、普通に友だち同士、家族同士でやってきて、純粋に野球観戦が楽しめる雰囲気なのが印象的だ。

大リーグってやっぱりすごくてピッチャーの球、めちゃめちゃ速い。毎回バッターの名前が呼ばれるたび、選手のテーマソングなのかイメージ曲なのか知らないけど音楽が流れてくる。まるでミル・マスカラス登場のときの「スカイハイ」のようだ。

ジャイアンツのマルチネスがバッターのときは「マルチネ〜ス！」とアナウンスが流れたあとに、観客の大拍手や歓声に混じって南米風のサンバのリズムがかかるし、J・Tスノウ登場のときは、アメリカチックなロックンロールが流れる。大リーガーは打ち方もスパッとしてるし、守る側もなんだか余裕。

表と裏の交代のときには、電光掲示板で「ダディー、誕生日おめでとう！」とか「メアリー、結婚してくれる？」とかの一般の人たちのメッセージが流れてみたり、「この問題に正解したら賞金はあなたのものです」とクイズ問題と、客席から選ばれたひとりも一緒に掲示板に映し出され、その人はその場でクイズに答えている。そんなこんなしてるうちに試合再開になって、また試合を観戦するといった具合に、大リーグの試合は合間もみんなして楽しんでしまうんだなぁ。

最後の回になってようやくジャイアンツ新庄登場。あっけなく初球を打ってピッチャーゴロで終わった。結果は七対二でジャイアンツの負けだったけど、試合が終わればとっとと客は帰り支度。誰もヤジなんか飛ばさないし、最後まで健康的なメジャーリーグ野球観戦だった。

それから三週間後。ロスアルトスよりは北、サンフランシスコよりはやや南のオークランドへ。今日は地元オークランドアスレチックス対シアトルマリナーズの大リーグ試合。三カ月前からチケットを確保しての観戦だ。

私はマリナースのイチローと佐々木、長谷川しか知らなかった。アスレチックスについてはなんにも知らないままオークランド球場に着いた。チームカラーはグリーンと黄色。さすが地元。チームカラーのTシャツや帽子をかぶって応援に来る人が多い。早めに着いてつくってきたおにぎりを食べてたら、長谷川選手が通って行った。イチローとは違って地味だからか客の反応がない。一時過ぎ試合開始。

先攻はマリナーズ。いきなりイチローからスタート。で、初球で打ってアウト。せっかく来たのにあっけない。ここの球場は前回のサンフランシスコジャイアンツの球場のような独特なロックンロール系のノリはなく、流れてくる音楽もわりと穏やか。そうこうしてるうちマリナーズにホームランを打たれ、会場全体がブーイングで包まれた。

そう、ここはアスレチックスの本拠地。マリナーズの優位は気に入らない。途中アスレチックスの攻撃でバッターが振ろうとしながら球を見きわめて止めた場面。ファーストの審判がアウトと判定を出した。そのとたん会場からブーイング。そのあと、マリナーズの攻撃で似たような場面。その時は審判がセーフと判定。そこでまたブーイング。

まぁとにかくアスレチックスに不利な判定はみんな腹がたつらしい。けっこうアスレチックスファンは気性が激しい。ジャイアンツのときは、どっちが何やっても客はみんな拍手だったんだけど。アスレチックスはそれだけ地元密着型？　日本でいうなら阪神ファンに近い感じ？

アスレチックスはピッチャーを何人もとっかえひっかえしながら抵抗したけど、その後なかなか点もとれず、九回の裏になってマリナーズは佐々木が登場、きっちりおさえて終了した。

ハロウィン

二〇〇二年の秋。ハロウィンを間近にひかえた十月下旬。夕方になると謎のゲストがわが家を訪れた。

ピンポ〜ンと玄関のチャイムが鳴り、ドアを開けると誰もいない。ドアの前にはチョコやキャンディが入った紙袋が残されてた。それにはメッセージの紙がホチキスで留められてて、「BOO!」とある。BOOは日本で言うなら人を驚かす時に言う「ばあ〜!」みたいな感じ。

そして息子たちあてに名前もちゃんと書かれてて、「誰か友だちが君にハッピーを運んできたよ。なんとかかんとか……。君も三バッグ、こういうふうに近所に配って、同じように幸せにしてあげてね」みたいなことが書いてあった。

ロスアルトスに来て間もなく去年の秋も同じように息子たちあてに二袋置かれて、なんだこりゃ、と思いながらもその時点で息子たちのことを知ってるのは、はじめに友だちになってくれた四軒先のハンナたちしかいなかったから、きっと彼女たちが気をつかってくれたんだな、としか思ってなかった。

でも今回は、まず長男あてに一袋置かれた。どう見てもそれは同級生Tim(ティムくん)の字だとわかったし、次の日は二つ並んで置かれてて、それは隣のAlec（アレック）か四軒先のHanna（ハンナ）たちのどっちかという感じに見えた。

さらに次の日は名前のスペルがビミョーに違う紙が貼ってあったから、聞き覚えでうちの人に書いてもらったに違いない二軒隣のインディアファミリー、ラフオんちからの物だ

放課後のハロウィンパーティ

ろうと思われた。

これはアメリカの子たちが、ハロウィンの前に隣近所のあいだで楽しむ一種の遊びみたいなもんかもしれない。

みんなからこんなにもらっちゃったから、やっぱ、こっちも同じようにやんなきゃだろな、と「BOO！」のメッセージを長男にパソコンで打たせて紙を四枚コピー。それからお菓子とお菓子を詰める袋をさっそく買ってきた。その時期になるともうハロウィン色のオレンジの袋は品切れ。しかたなく黄色の紙袋で妥協。それにパンプキンのスタンプを押してお菓子を詰め、メッセージの紙とともにホチキスで留めた。

夕方六時、長男に持って行かせる。玄関に置いてチャイムをピンポ〜ンと押したら、姿を見られないように猛ダッシュで戻ってくる。それを四軒分。ま、黄色の袋といい、たいして飾り気のない外見から、すぐうちらからの物ってわかっちゃっただろうけどね。

小学校でもある日の放課後、全校あげてのハロウィンパーティが行なわれ、十月はもうとにかく街じゅう大人も子どもも家も仮装しまくりのアメリカ。そして十月三十一日のハロウィン当日は、放課後子どもたちを迎えに行ったらすぐ帰宅。準備しといたコスチュームに着替えさせ三時半まで、ダウンタウンのお店でトリックorトリート。まさか店にまで行っていいとはね。

ハロウィンムードのダウンタウンには、いろんなかっこうの子どもたちとそれにつき添う親がぞろぞろ歩いてて、店に入ってキャンディをもらっては次の店へと忙しそうに歩いてた。店内でキャンディのかごを持ち、待ちかまえて立ってる店員さんが見える。

そういうつもりのない店は、入り口にNo Candyと貼り紙があるしハロウィンの雰囲気をつくってないからパッと見てすぐわかる。息子たちはたった三十分うろうろしただけで、かご半分にまでチョコやキャンディが集まった。

帰宅して夕食後、六時半から次男の友だちジェレッドくん宅へ。夜はうちが留守になる

ダウンタウンの店々から集めてきたチョコやキャンディの山

から、来た子たちが自由につまんでいけるよう、かごに山盛りチョコやキャンディを玄関前に置いておいた。

みんなと一緒に近所をまわる。チャイムを押して玄関を開けてくれたら「トリック or トリート!」。どの家庭の人も子どもたちのコスチュームをまずほめてくれ、キャンディをかごに入れてくれる人もあるし、好きなのを選ばせてくれるところもある。「来ていいよ」のお宅の人たちは、夕方から夜にかけてひっきりなしに子どもたちがやってきて、なんだか落ち着かないだろうにみんなよくやってくれるなぁと、遠くでビデオ撮影しながらとにかく感心してしまう。

一時間後いったん帰宅。玄関前に置いておいたチョコはすっからかん。手持ちのかごはもうずっしりだ。夫が帰宅したので、また玄関前に山盛りキャンディを置いて、自分たちがもらってきた中身もいったん家に置いてから、今度は夫にも一緒に来てもらって自宅周辺を歩く。

しかしこのあたりは一軒一軒の敷地が広い。隣の家の玄関にたどりつくまでの距離が長い。ちょっとしたウォーキングだな、こりゃと思っていると、四軒先のハンナ宅から「キャーッ！」という女の子たちの悲鳴が。その直後、ハンナのMomの大笑いの声。ハンナ宅は玄関前に小細工をしてて、来た子たちの目の前にコウモリのおもちゃやら蜘蛛やらがスーッとおりてくるようになってたらしかった。

その後もたずねて行った子たちは必ず順に「キャーッ！」の悲鳴。大笑いのMomも黒猫のスタイルで登場。うちらが何本か離れた道沿いの家をまわってるときも、遠くになったはずのハンナんちから「キャーッ！」が響いていた。

帰宅したらもう寝る時間。歩き疲れて息子たちはばったり寝てしまった。それぞれにかご二杯分のキャンディとチョコ。一日に二個ずつ食べても半年ほどはもちそうな量だ。

サンクスギビングデー

十一月にはサンクスギビングデーという収穫感謝の日がある。ロスアルトス二年目のサンクスギビング時期を迎え、一回くらいはターキー（七面鳥）料理に挑戦してみようと思った。

Kさん一家をご招待して、早めのサンクスギビング宴会をするため、初めて生ターキーを買ってみた。十二ポンド（六、七キロ）のターキーは白いビニールできっちり包まれ、中がどんな様子なのか見えなかった。おそるおそる袋をカット。足がワイヤーで固定されてるのが見えたので、それをよっこらせと引っぱり出すと、足のつけ根に穴があいてて、そこから水分と一緒に残り血がざぁ〜と流れ出してぎょっとする。

全体を出してみると、首の根元からカットされて、そこから内臓もとり出されたようなお腹空っぽ状態。と思ったら、何かあったので引っぱってみたら、それは太さがひとにぎり、長さ二十センチほどもあるもの。カタチからしてきっと首に違いない、とそっとまな板に置く。

よく見るとお腹の中にまだ小さいビニールに入った何かがある。ずるっと引っぱり出してみると、それはレバー二個と砂肝、心臓だった。つまりこのターキーの内臓だ。セットになってるくらいだから、ちゃんと利用しなくちゃだな。で、首はたっぷりの水で煮る。ターキーのだしがとれた。それからレバーたちは小分けして冷凍。

ターキー本体はまず水洗い。水分を拭いてから塩こしょう。ほんとは中身を詰めるんだけど、火が通るか不安だったから中身を詰めずに焼くことにした。そして全身に油をまんべんなく塗りたくってから、ターキー焼きに使うアルミ皿に入れた。まわりにはセロリやにんじんやたまねぎを適当に切って置く。それを華氏三五〇度のオーブンへ。途中、汁がたまるから、それをときどきターキーにかけたりしながら延々焼き続けること四時間。

外側がいい色に焼けてても中が生だとよくないということで、中にさしこんでチェックするターキー用の温度計もしっかり用意。それを真ん中にさしてみて、華氏一八〇度を示せば、中まで熱が通ってることになり完成。

ターキーにはグレービーソースをかけて食べるということで、SAFEWAY印のグレービーソースの素を用意。水で溶く、とあったけど、せっかくなのでターキーから出た汁を利用して煮こんでみた。それからターキーに詰める具（スタッフィング）の素っていうのもあって、とりあえず試してまずかったらやめとこう、と箱の説明どおりつくってみたら意外に味はまともだった。添えのマッシュドポテトだってインスタントで充分。

デザートのパンプキンタルトは、完全に日本のレシピでつくった。日本人の口にはそのほうがおいしい。生のクランベリーを甘く煮てジャムみたいにしたものを、そのタルトに添えることにした。

ついでにつくった中華おこわとアボカドポテトサラダ、それにKさんがつくってきてくれたおにぎりとイワシの煮つけ、ごまあえもずらっと並べて昼から宴会。ホントのサンクスギビング食卓は体験したこともないんだけど、ターキーの丸焼きがどかんとのっかると、確かに一年に一度の大ご馳走という感じがした。つくってみてよかった。

クリスマスと大晦日

クリスマスイブの前夜、サンタになった夫と私はサンタを信じる六歳児次男の枕もとにプレゼントを置いた。長男にはもう「サンタなんてもんはいない。あれはお父さんとお母さんがプレゼントを置いてるだけだ」と、日本の一年生になった時点でシビアに明かしてしまった。だから次男のところに置いてあるプレゼントは父母が置いたと長男はわかりきってたはずだ。でもその中身については長男も知らなかった。

さて、朝になって次男が大騒ぎしながらこっちにやってくることを期待してたのに、妙に静か。気になって起きてみたら、息子たちはいつもの休日のように二人でアニメを見てた。あれ？「プレゼントあったよ」と次男は落ち着いて私に言う。えぇっ？　ホント！　驚いてみせる私。それを見てから次男は部屋にプレゼントをとりに行った。

「開けてみなよ」。反応が見たくて声をかける私。長男も横で待ちきれないといった様子。そして開いてみてそれが前から欲しがってたラジコンカーだと気がつき、やっとわぁぉ～！と次男は声をあげた。

「いつプレゼントきてた？　朝起きたらあったの？」と次男がいつそれを発見したのか知りたい私は次男にたずねる。すると「おにいちゃんが教えてくれた」と言う。なに？　長男は朝、トイレに起きたときに「プレゼントきてるよ！」と弟に言ってしまったらしい。

ヤツは昨夜から親がサンタになって用意した弟のプレゼントが気になって仕方がなかったらしく、わざわざ朝こっそりドアを開けて部屋の中の様子を見てしまったようだ。そしてちゃんと置いてあるプレゼントを見つけると、自分が興奮してしまい、弟が自分で発見する前にプレゼントがあることをわざわざ教えてしまったのだ。まったく……。

昼からスタンフォード大学内の教会に行ってみた。「去年、いらなくなったおもちゃを教会に寄付しに行って荘厳な気分に浸れた」という友人の話を聞き、息子たちもひとつずつ寄付したいおもちゃを手にして行ってみたけど、昼間の教会はまだ開いてなかった。たぶん夕方から夜にかけてミサみたいなことが行なわれるんだろうね。

今夜は家族だけのパーティ。チキン、ケーキ、シチュー、果物、ワイン。それからアメリカではポピュラーな、香りつきの大きなキャンドルをテーブルにセットした。部屋を暗くしてキャンドルで照らしながらの夕食は、それだけで雰囲気が出て子どもも大喜び。

食後はいよいよ暖炉前に積んでおいたプレゼントのオープンタイム。一つひとつ開けながら歓声をあげるみんなの様子をビデオに撮り、寝る前に『スターウォーズ2』のＤＶＤを鑑賞してわが家のイブは終わった。

翌クリスマスは、起きたらほぼ昼。ピンポ～ン。玄関のベルが鳴った。またアレックかなと開けてみたら、二軒隣のラフオ三歳がちょこっと立っていた。

「Merry Christmas !」大きな声で叫びながら、さし出す箱。わざわざプレゼントを持ってきてくれたの？　あらあら、どうもありがとうね。「Please say thank you to your Dad and Mom」。それはSee'S Candyのデラックスなチョコ詰め合わせセットだった。近所からプレゼントをもらえるなんて思ってもいなかったから恐縮してしまう。

部屋じゅうに飾りつけしてあるクリスマスグッズが主役でいられる日はクリスマスの今日まで。

夕方、日本食スーパーNIJIYAへ買出し。気分はもう正月に向かってる。お餅、日本酒、そしてやっぱりおせちもひととおりつくろうという気になってきた。数の子、煮しめ、田作り。伊達巻のかわりに厚焼き卵、エビの唐揚げ、あとは雑煮とぜんざいの準備くらいは大晦日一日でなんとかできるだろうと考えた。年越しそばはインスタントのカップそばに頼ることにした。

これでとりあえず年末年始は安心かな？　明日から、南に八時間車で走ってサンディエゴへ今年最後の旅行へ。息子たちを驚かすために行き先は内緒。目的地は大好きなレゴが満載のレゴランドだぁ～！

旅行から戻ると大晦日。おせちは数の子、田作り、厚焼き卵、黒豆で一の重。煮しめで二の重。そして三の重には虎屋のようかん二種類をかまぼこがわりに切って詰めた。

隙間には干菓子を入れてみた。ようかんのおかげでぐぐっと格が上がったこのお重。あとは、ししゃもとニンニクの茎とたまねぎで南蛮漬け、大根・にんじん・昆布・するめで松前漬け、そして雑煮用のだし汁と具を用意。刺身も切っておいた。一日でやったにしてはなかなかいいんでないの〜？　自画自賛。

午後三時。「第五十三回NHK紅白歌合戦」が日本語放送八チャンネルで始まった。三時から六時が前半、八時から十時が後半。あいだの時間は中国語放送に切り替わる。そしてここで観るNHK紅白歌合戦はあいだにいっぱいコマーシャルも入る。いいんだけどね。

前半の感想。なんだか日本の芸能人がおんなじ雰囲気のひ弱そうな子ばっかりと思ってしまったのは私だけ？　長男も冷めた目をしながら言う。「なんか、踊りばっかりだね」「みんな茶髪……」「後ろで、なんであんな変な踊りする人たち、いっぱいいるの？」（アイドルの歌を聴きながら）「何……これ……」。

アメリカにいると日本人の茶髪がけっこうカッコ悪いことに気づく。日本人の顔立ちって、どうしたって日本人。だから髪も黒っぽいほうが自然で似合うし、オリエンタルな感じがして外国人には好印象。演歌の世界なんかは、アメリカ人には憧れだったりするのよね。自分は日本人だけど、演歌歌う人たちの時間はうまい歌も聴けるし、見ても綺麗だし、ホッとするなぁと今回特に思ってしまった。

日本のラップグループにも参ったな。日本人はラップ歌うべきじゃないよね。だって、ヘタなんだもん。今回は平井堅の『大きな古時計』と、オペラ歌手の『マリア』、生の中島みゆき&黒部ダム、これが見れただけでよかったとしなくちゃね。

NHK「ゆく年くる年」を見てたら、なぜか十二時になる十秒前にテレビ東京の十秒カウントダウンが入り、あけましておめでとうございます、のあとにまた何もなかったかのように「ゆく年くる年」の画面に戻った。それを見ながら四人で乾杯。

ねずみとの闘い

二〇〇三年一月。年末の旅行から戻ってきたあたりから、なんか、やーな感じはしてた。台に置いといたはずのチョコやらキャンディやらが、いくつもコンロ前の床を中心に散乱していた。屋根裏にいることはわかっていた。夏にはアライグマもどかどか走りまわってたし、それに比べればねずみの走る音なんてかわいらしいもん、と思った。

ところが年が明けてから、ヤツの行動は大胆になってきた。夕食を終え、後片づけもすみ、台所の電気を消してリビングとの境のドアを閉める。と、もうカサカサと音がする。隣の部屋でうちらがワイワイしゃべってて、人間がいるとわかっているのに、だ。

そして夜中にお茶でも飲もうと、台所の電気をつけてポットのほうへと歩きかけたとき、陰に隠れていたヤツがすささささ〜っと電気コンロの下の隙間へ走っていく。わぁぁぁ〜！それを見るたびビクッとしてしまい、大声をあげることになる。風呂あがりに台所を通って洗濯物を各自洗濯機に入れに行くから、夜そこを通ると必ずこうだ。

家族全員体験ずみ。だからこの頃はいったん電気を消した夜の台所に入るのもためらうようになってしまった。

まだ床を走りまわる程度なら許してやれる。けどある日の朝、台所に行くと、流しに置いといたはずの新品の皿洗い用のスポンジがなくなっていて、捨てようと思ってた古いほうのスポンジが電気コンロわきに落ちていた。もしや……コンロ下を見たら、新品のががじがじかじられて落ちていた。やったな……。

そしてある日は、まとめ買いして袋に入りきれず少しはみ出ていたじゃがいもが半分かじられ、おまけに床から一メートルほどの高いところに置いといたみかんまでも半分かじられた。食料品はすべて棚に隠さなければならなくなった。

さらに。夕食準備をしながらふと気が向いてパイをつくり、パイ生地の残りをテキトウに焼いといたのを皿にのせて流しわきに置いたまま、そばのリビングで夜ご飯を食べてたとき。ドアは開けたままだし、この人間たちが見えるだろーよ！　というときに堂々とカサコソ音。子どもと一緒に台所にだだっと行って脅かしてやり、逃げこんだコンロ下をのぞくと、なんと、あの残りパイ生地でさっき焼いたのがそこに一個落ちていた。それを見た瞬間、ついにあたしの怒りは頂点に達した。

コンロわきにあった隙間という隙間をガムテープでふさぎまくる私。もう、これでここからは出てこれまいっ！　コンロの裏手の壁にたぶん穴が開いてるんだろうし、ここさえふさげば出てこれないはず。

やっと安心して、その夜は台所にもふらっと行けて大満足だった。そして、翌朝台所へ行ったら、冷蔵庫の前に半分かじられたみかんが……。なんでぇ～？　ついに夫にねずみホイホイを買ってきてもらう。明日の朝、中に入っててほしいような、いないでいてほしいような……。

朝。ねずみホイホイには何もかかっていなかった。ふぅ～。いつものように朝食をすませ、みんなが出かける前にばたばたと三人分の弁当をつくりながら台所をうろうろしていたら、冷蔵庫の下の隙間から突然ゲンコツ大の黒い物体が！　きゃぁあああぁ～！　突然の出来事にあわてふためく私。ねずみのほうも隅っこめがけて猛ダッシュするんだけど、コンロの下はテープが貼ってあるし、逃げ場がないという感じであっちこっちしゅるしゅると駆けまわる。

それでもコンロの横の、食器洗い機の下のところに身をよせたねずみ。リビングの側からドア越しに見ても確かにまだねずみのシッポが見え、次男も「あ～！　見えたぁ～！」と叫ぶ。それにしても、予想以上にでっかいねずみで、昨夜セットした小型ねずみホイホイになんかかかるわけがない。長男も来て、下をのぞきこんだ。そうこうしてるうちに、あれれっ？　消えたぞ？

夫はしょうがなく、二個分をくっつけて倍の大きさのねずみホイホイを手づくりしてから出勤。それをねずみが消えたあたりに置いて、私もさっさと家を出る。こんなんじゃ、台所に立つのもやんなっちゃうなぁ……。

翌日。起きてまず、食器洗い機の下に置いた二倍サイズのねずみホイホイに目をやりながら台所へ。何もかかってない。やれやれ……と思いながらピアノのそばの照明をつけにリビングへ。と、そこで足が止まる。

ピアノの上に飾っておいた、パン細工のミニリースがカーペットの上に落ちていた。それも数カ所かじられて。リビングにまで、それもニスを塗りたくって食べられない状態にしてあったというのに、パン細工のにおいをかぎあて、けっこう高い位置なのにピアノの上にまで登ってかじるなんて……。わなわなわなと怒りで体を震わせながら、まだ寝てた夫に静かに言った。「本気で退治しよう」。

ねずみ退治にはいくつか方法がある。一、エサでつってオリに閉じこめる。二、ねずみホイホイのように粘着シートで動けなくする。三、ねずみ用の毒を置いておく（毒を食べたあとの始末を想像するとゾッとする）。四、専門業者に頼んで家全体をシートですっぽりくるみ、完全消毒して追い出す（ただし、しばらく人間もそこに住めなくなってしまう）。

いやだけど、三の方法で試すしかないかと考えながら、とりあえずみんなで朝食。すると、がたごと音がする。台所に一番近い席に座ってる私がふと、ねずみホイホイに目をやると……おおっ！　箱が動いてるぞっ！　かかったぁ〜！

みんなが箱のところにダッシュ。昨日同様冷蔵庫下に隠れてて、隙をみて食器洗い機の下のどこかから逃げこもうとしたようだった。甘いな。もしかしたら、と思って、そのへんに二倍大のねずみホイホイを置いといたこっちの勝ちだ。

猛ダッシュでその箱の中めがけて突っこんでったらしく、体がすっぽり箱の中に入っててシッポだけがむなしく外で動いていた。よほど強力な粘着テープらしく、完全にくっついてしまって、もうどーにもならない状態。どーだっ、参ったか〜！


しかし、こいつを一匹捕まえたところで解決はしなかった。ねずみ道は他のねずみにも受け継がれ、同じようにその後もねずみたちに苦しめられたわが家……。一カ月後、ついにオーナーに電話した。「ねずみをなんとかしてほしい……」。借主のねずみの苦情への対応の仕方で、そのオーナーの心くばりがわかると人から聞いて、じゃ、うちのオーナーはどんなふうにやってくれるだろう、と思った。

昼すぎにオーナーが来た。オーブンの下に目張りしたガムテープが今朝もがじがじとかじられて、ぽっかり穴があいてたのをそのまま見せた。それからオーナーは家のまわりに穴が開いてないかをぐるっと見てまわった。今度はガレージ内の壁をチェック。排気孔なんだかどうだか、まぁ古い家だから入居のときからあちこち隙間があるんだけど、とりあえず気になる穴をふさいだほうがいいということになる。

で、「カッターとテープ、新聞紙持ってきて」と言われ、持ってくると、ガレージ内にあったダンボールの切れ端を四角くカット。新聞紙は丸めて穴に詰め、それをふさぐようにダンボールで蓋して、まわりにガムテープを貼った。どうやらこれでこの部分は解決した、ということらしい。

少し高いところの穴については「届かないから、あなたの夫が帰ってきたらテープでふさいでもらってね」で終わる。それからオーナーはねずみ用の毒の粒がザラザラ入ったのを買いに行き、箱を開けて、ガレージのタンクの上あたりに置いた。もうひと箱は前庭の隅に置く。「中のを少しずつつまんでガレージの隅にぱらぱら置いておけば、もっといいからやってみてね」。お〜い、あんたはやらんのかいっ。

家の周囲を見回ってるときに、裏手の壁側の雑草が茂り放題&ツタが壁にはい放題なのを見て、「こういうのをねずみが登ってきたりするから、こんなふうにしとくのはよくないわ。あなたの夫にこれ抜いてもらいなさいね」。え、この莫大な量のツタを私たちが抜かなきゃなの？　「ガーデナーにも言いなさい。オーナーがここの雑草が多すぎるからカットしろって言ってたって」。夫にやらせるくらいなら、今度ガーデナーが来たときにガーデナーに頼んでやってもらったほうがいいよなぁ。

「はい、ちゃんと言います」。そしてオーナーは言った。「ここは私の家よ。でも私はここには住んでないから何も管理できないでしょ。だから住んでるあなたがこういう雑草を抜いたり家を手入れしたりしなきゃいけないのよ」。まぁそうかもしれないんだけどさ。ここの庭、はんぱじゃないのよ、広さが。しかし、月に三十万円以上の家賃払いながら、庭の手入れもテナント（借主）はやって当たり前なのかぁ。

日本に家置いてきた私たちも一応オーナーなんだけど、日本じゃなかなかそこまで強気にできないんだよね。アメリカのオーナーが心底うらやましい。

二〇〇二年のバレンタインデー

二月十三日、ベルギーチョコを求めてロスアルトスダウンタウンのドレイガーズ（高級スーパー）に行ってみたら、女性は高いお肉のコーナー、男性は花束が並ぶコーナーに集中して買い物していた。バレンタインデーらしく店内にはチョコレートやバレンタインカードがいっぱい。私は、カードとチョコを家族のために購入。だけど男性客が多いのにはちょっとびっくりだ。

アメリカではバレンタインデーは老若男女関係なく、自分のまわりの人にカードやちょっとしたチョコ、プレゼント、いつも思ってる気持ちを贈る日。だから夫から妻へ花束を贈るのも当然なのかもしれないけど、真剣に選んでる姿を見ると、こうやってみんなお互いに気持ちを贈りあう習慣のあるバレンタインデーって、本当に幸せな日でいいなあと思う。どこかの、男の子だけ期待する国とは大違いだよなあ。

一日早いけど今夜はうちのバレンタインデーということにして、用意したカードとチョコを男三人にわたしした。すると三人とも家族のためのカードとプレゼントを用意してくれていて、生まれて初めて私もバレンタインデーにカードとプレゼントを受けとった。

夫からは花、チョコ、カード。次男は自分なりに考え、覚えた英語で折り紙の裏にコメントつき。長男からは家族のイメージに合わせたカードとチョコが用意され、「いつまでも元気でいて」なんて書いてある。おいおい、泣かすなよ～と言いながら、うれしくてホントにわんわん泣く母だった。

子どもたちはクラス全員分プラス先生にわたすカードも数日前から用意。カードといっても、こういうときに使うための二十枚くらいのセットのものがちゃんと市販されていて、自分の名前をFROMの横に書けばいいだけの小さなもの。それに個包装のミニチョコやキャンディを一個ペタッとテープで貼りつけたければ貼るし、カードだけでもかまわない。ちょうど一年前は、次男がプレスクールに初登園の日だった。迎えに行ったら紙袋いっぱいのカードとチョコをもらってきてびっくりした。前回はわけもわからずもらうだけだったけど、今回はアメリカで二回目のバレンタインデー。お互い交換する立場として、きちんと準備しよう。

次男のクラスは二十人、長男のクラスは二十八人のクラスメートがいる。みんなにわたすためにチョコを貼りつけたカードを一つひとつ封筒に入れて用意している息子たち。みんながクラスメート全員からカードをもらうことができるなんて、よりクラスメート同士仲良くなれそうでいいなあ。

二月十四日バレンタインデー当日。小学校では、どのクラスもバレンタインパーティ。次男を迎えに行くと案の定、息子の袋いっぱいにいろんなものが入ってた。先生がつくってくれたらしい、パウチされた巨大なハートと、みんなからのカードやキャンディ。中には手づくりのクッキーもある。

I LOVE YOUとか〝あなたがこのクラスにいてくれて、先生はとてもうれしいし誇りに思う〟というようなことが書かれてある紙がついていて、こんなこと言われたらみんな良い子で素直に育っていきそうだなあと心から感心した。

長男のほうも同様に、クラスメート全員と先生からカードとチョコをもらってきたので、テーブルに広げて全部見せてもらった。四年生らしく、流行のハリーポッターのカードもいくつかある。先生は朝からハートの首飾りをし、みんなでクッキーにデコレーションしたり、映画を観たりして一日ワイワイ楽しんだ、とのことだった。

自分の大切な人みんなにカードを贈る習慣を、なんとか日本に取り入れたいよねーとつくづく感じた日だった。

二〇〇三年のバレンタインデー

バレンタインデーが近くなったある日、クッキーつくろう！　と思いたった。クッキー生地を猛スピードでつくり、十分冷蔵庫で休ませて、それからのばして型抜き。もちろん大きなハート型。トールペイントクラスに持参。

日本風のとてもシンプルな材料のクッキーで、砂糖もひかえめだし、アメリカの人には甘さが足りないかも、と思ってたけど、意外にみんな喜んで食べてくれる。アメリカのスーパーには売られてないタイプのクッキーだから新鮮だったのかも。そしてみんな、食べるたびに何度も何度も礼を言ってくる。

たかがクッキーにそこまで言ってくれなくても、というくらい言ってくる。まぁ、喜んでもらえるのはうれしいことだし、やってよかったなぁと思えるし、そう言われるたびに、自分の思ったことはその場で言ってあげる大切さを気づかせてくれる。

前にスターバックスで友人とコーヒーを飲んでて、友人は、まるっきり知らない、そのへんにいた客から「そのセーター素敵ね。いい色だわ」とほめられた。びっくりするけど、きっとその人はそう思ったから言っただけのことだろうし、そう言われることでそのセーターを選んだことに自信がついてうれしい友人。いいことづくめだよね。

バレンタインデーの当日。子どもたちは用意したクラス全員にわたすカード&チョコをどさっとかばんに詰めて登校。夫にも昨日私がつくったクッキーを職場の方へ持ってってってもらう。

放課後。息子たちはクラスの子の人数分+先生からカードやチョコ、キャンディをもらっ

カードやキャンディ、手づくりクッキーなど、息子がもらったバレンタインの贈りもの

て帰ってきた。さっそくテーブルに広げて見せてもらう。同じチョコやキャンディをくっつけてる子がいそうなものなのに、今回見事に誰も重なっていなかった。市販のカードと手づくりカードが半々。

カードを入れてもらうケースは、次男一年生のほうは靴の空き箱利用でメールボックス（ポスト）みたいなかたちに手づくりしたものだった。パーティではハートのクッキーとジュースをもらったらしい。長男五年生のほうは、パーティでクリスピークリームドーナツを食べジュースを飲んだという。そして厚紙でつくったバスケットにカードを入れてもらっていた。

バスケットは担任から「折り紙できる？

バスケットつくれる?」とたずねられた息子が、「できる!」と答え、前に出てみんなに折り方の指導をして完成させたものだという。あんた、よく折り方覚えてたねぇ、っていうよりも前に出てみんなに指導してる息子の姿のほうが想像つかないよ。

夕食後は家族でバレンタインパーティ。お互い用意してあったものをわたし合い。母親として妻として、バレンタインデーにみんなからカードやチョコがもらえる、みんなで想いあうこの習慣をわが家に定着できただけでも、アメリカに住んだ意義は大きい。

第三章　帰　任

帰任決定

二〇〇三年六月半ば。夏休みが始まろうかという日。ついに正式に、夫の帰任日が決まってしまった。夏休み真っただ中の八月半ばに帰任だという。予定外に早く、突然のことにわが家はパニックだ。

先日「近く、帰任になるかもしれない」と夫から言われたとき、あたしは相当にショックを受け、とっさに《息子たちには言えない……》と思った。八月末から始まる新学年から、できたての新校舎への通学が始まることもあって、息子たちはかなり楽しみにしていた。

次男も「今度は 2nd grade になるんだ」と喜んでいる。これまで苦労した分、息子たちは英会話にも不自由しなくなり、アメリカ生活を楽しめるようになってきたところだ。この夏休み中に、友だちにも先生にもお別れを言えないまま去ることなどできるはずがない。そりゃないだろというのが素直なあたしの気持ちだった。

だから息子たちには夏休み中もずっと、帰国が目前なことを隠しとおそうと思った。気分的に落ちこんだ夏にはさせたくない。そして夫が先に帰ることになったとしても、母子だけはせめてもう一カ月自腹をきってでも残って新学期を迎え、きちんとみんなとお別れしてから帰りたいと、真っ白な頭の中で決意した。

けど荷づくりもあるし、隠しとおせるものでもないことに気づいた。だから少しずつ覚悟をさせる作戦をとろうと、危うかったこの数日は息子たちにじわじわこう言ってきた。「どうも日本に帰るのが早くなりそうな雰囲気だよ」「お父さんの会社、お金がなくなってきてるから、もしかしたらもう帰ってきなさいって、そろそろ言われそうなんだよ」「もしそうなったら準備しなきゃだし、今のうちに部屋のものでいるものといらないもの、分けといてくれる?」「サンフランシスコに遊びにくるのも、これが最後かもね」「会社は急に来月帰って来なさいとか言うから、そう言われたら帰らなきゃいけないから、そのつもりで毎日一生懸命やってね」。

「お父さんのおかげでアメリカに来れて、いろんなことできるようになったよね。英語もみんなよくがんばったよ」。

頃あいをみはからって数日後、長男に「お父さんの帰国、やっぱり決まったんだって。八月だって」と言ったら「そうかぁ……決まったのか……」と表情がこわばった。すかさず

「六年生には少しだけなれるからね。新校舎にも通って、九月はまだしばらくいられるようにするから」と言っておく。さみしそうな顔をしながらも「うん……わかった」と、長男はとりあえず泣かずに理解してくれ、ホッとした。

次男のほうは、日本に帰るということがAlec（アレック）ともう会えないこととイコールになってないようだった。ヤツの頭の中には、常に日本の自宅の近所に住むY君のことがあって、Y君とまた遊べるという喜びだけがそのときは渦巻いてるようだった。

帰国に向けて

短大入学で富山を離れて以来、私は十一回も引っ越しをしてきた。そして今回の帰任にともなう引っ越しで十二回目。

今回はいいきっかけとして、持ってるばかりでろくに見やしない本類はすべてガレージセールで売ることにして、ほんとに必要な物だけ日本への帰国荷物にすることにした。

子どもが寝た夜九時過ぎから、ガレージに運びこむムービングセール用ガラクタ。おもちゃや服以上に本の量が多い。どこ引っ越すにも移動させてきた芥川龍之介本もこの際売ってしまうことにした。

一つひとつに値段シールを貼って、めどがついたのが夜中十二時過ぎ。で、その後も夜、寝つけなくなってた。いろんなことで気が高ぶってしまってた。帰任が決まった日から朝三時、四時の就寝がなんだか当たり前になってしまった。そして起きるのが七時半。そんなんで、どうしてあたしは日中眠くもならないのか、これまた不思議だった。

それにしても絵や額類が増えてしまった。額はアメリカに来てから習い始めたシャドーボックス作品を入れた額。アメリカの家の壁って広い。だから調子にのって次から次に作品を仕上げては壁に飾ってきた。で、コレ全部、日本の自宅のどこに飾んの？


アメリカに来てからもずっと続いてた唯一の習いごと、剣道。たまたまとはいえサンノゼ道場は世界大会のアメリカ代表選手が三人もいる本格的な道場で、その代表選手にまじって厳しい練習についてきたことで、息子も相当に鍛えられ、上達させてもらえたと思う。長男にとって今夜の練習が最後という日。

先生は息子の名前と〝Good Luck〟の文字をチョコでしぼって描いた大きなケーキを、その晩の練習後に用意してくれていた。

みんなでケーキを食べているときに「日本に行っても剣道続けろよ」と先生方に言われ、「ハイ」と答えた息子。最後にみんなで写真を撮ってお別れしてきた。良い先生や仲間に恵まれて、息子は幸せだったと思う。

鉄人パーティ二連発

帰任が決まってからいろんなことがあり過ぎて、そしてやらなきゃならないこともあり過ぎた。意地で最後にメキシコまで足をのばして旅行し、疲れて帰宅した夜遅くにメールをチェックしたら、友人ＨＭ家でまさに明日予定のバーベキューパーティの招待メールが届いてた。

正確にいえば、前夜になるまでメールのチェックすらできなかったということだ。「料理の鉄人三人がご披露する料理の数々」などというような書き出しとともに、それぞれの鉄人の写真の顔の部分に今年四十歳を迎える男三人（夫含む）の顔写真がうまーくはめこまれてて、夫はフレンチの鉄人役でパティシェということになってた。

つまりこれは、ただの内輪のバーベキューじゃなくて、四十歳男三人の合同誕生会の意味合いをもつパーティ。本人たち自らが料理をつくって招待客それも五十〜六十人をもてなすという、壮大な企画のパーティであることを前夜に知る。まじ？

翌朝。友人Kさんから心配そうに「料理はいっぱいあるから無理しなくていいみたいよ。フルーツでも持っていけばいいと思うよ」と電話がかかる。このときはさすがに本気で疲れてたから、じゃそうさせてもらおうかと思った。けど夫はそれまでに何度かやってつくり慣れたシュークリームどころか、初めてのティラミスに挑戦してみんなに披露すべく、すでに燃えてしまっていた。

材料の買い出しに行った夫がなかなか帰ってこない。パーティ開始時間の二時間前にやっと戻ってきた。そうなるとさすがに今回ばかりは全部お任せしとこうと思ってたあたしも手伝わざるをえなくなった。間に合うの〜?!

そのときすでに帰国第一便荷物は送り出しずみ。その第一便で、使い慣れた泡だて器を送ってしまってた。まさかこんなギリギリになってケーキつくるとは思わなかった。しょうもない間に合わせの道具でつくらなきゃならなくなり、交代で卵黄と生クリームと卵白を泡立てあう夫とあたし。

マスカルポーネチーズ四パックが加わり、泡立てる右腕がぷるぷる震えてくるのをこらえながら夫真剣。一方でエスプレッソをつくりながらスポンジケーキにかけていく作業も同時進行しつつ、ようやくティラミス完成。で、すぐ出発。サニーベールのHM家へかけこんだ。

和の鉄人（もどき）HM氏、中華の鉄人（もどき）KG氏はすでにコスチュームから鉄人になりきって、さっそく豚の煮こみやら蒸し餃子やら忙しくつくってるとこだった。夫用には白のコック帽とコックユニフォームが準備されていた。その時点で料理への期待うなぎのぼりな会場だ。

庭の隅には毎度バーベキューを担当してくれるアメリカ人G氏が、なぜかちょんまげのずらをかぶって肉を焼く。なぜちょんまげ？　そしてG氏は途中から大スクリーンも用意し、パソコンからHMファミリーの写真の数々をゲストにお披露目までしてくれた。

Kさんがカストロの香港餅屋で手配しておいてくれたバースデーケーキ登場。四十歳にあわせて「不惑」のあやしい赤クリームの文字と、三人の男たちの名前が書きこまれたケーキ。

記録係に任命されたあたしは料理やみんなの様子を写真に撮りながら、久しぶりに会う人々と話をしたことで突然の帰国事態にめげてた気持ちがずいぶん癒された。最後に夫の

料理の鉄人３人衆不惑パーティ

ティラミスを「シェフ自らとり分けます」ということで、夫と一緒に客みんなに配って歩く。泡立て不足でクリーミー過ぎたティラミスだったけど、パティシエとしての任務をとりあえず果たせて、夫の安堵感はかなりなものだった。

二週間後。先日の四十歳合同誕生日バーベキューパーティに来れなかったゲストのために、八月二十三日夕方から第二弾をやるという案内メールがきた。

ただし、鉄人シェフひとり（うちの夫）はそのときすでに帰国。で、四十歳じゃないんだけど、なぜかあたしが代わりに、それも前回の戦いで敗れた夫のリベンジという流れで参加する、という説明つきの、おまけに鉄人の顔もちゃっかりあたしの顔写真に差し替えてある招待カードメールを大勢に送られてしまった。勝手に決めるな～！

名目だけとはいえ、こうなるとリベンジらしく何かつくらなきゃと思ってしまう。今回は四品提出。煮豚の松の実あんかけきゅうり添え、スープ煮鶏手羽先の冷菜（白髪ねぎ、にんじん、シュガーピース、特製中華タレでお召し上がりいただきます）、モランボン流カルビオーブン焼き、レモンフィナンシェパウンドケーキ風。

名前をつけると、響きだけはけっこういっぱしだ。わずかに台所に残してたキャンプ鍋を駆使して料理し、それを抱えて夕方からパーティへ。

「これに着替えて」とＨＭ氏からコスチュームを手わたされた。前回、夫が着てたコック服と帽子。でかい。丈もあたしが着たら短パンがすっぽり隠れてしまう。そのままだとちょっとアブナイ。「コスプレっぽ～い！」とまわりのお父さんたちから変に喜ばれる。「そのままでいいのに～」の声をはらいのけ、冷静にベルトで丈調節。

ゲストが違うと、パーティの雰囲気も持ちこみ料理の雰囲気も違う。鉄人作の料理はどれも当然おいしかったけど、ゲスト作手土産のデザートもなかなかだった。

夜も更けて、そろそろ帰ろうかなと思う頃からそばを打ち始めた男性ゲスト三人。ＨＭ

家の友人で富山在住ドクターHYさんが持ってきた富山のお酒「満寿泉」を立ち飲みしつつ、そばができ上がるのを待つ。さすが手打ち。みんなでわぁーっとおいしくつついて、あっというまにそばはなくなった。

夫の帰国目前のひととき

鉄人パーティ第一弾終了後の八月十四日。ハーフムーンベイへ向かった。タオルだけ持参。

ハーフムーンベイは大好きな場所で、ここに来ると必ず立ち寄るレストランがあった。海のそばにたつ「チャートハウス」。ここへは夫の両親も連れて来たし、魚料理も肉料理もどれもおいしいレストランだったから、最後にここでランチしたいという、B型男三人の意見バラバラ家族には珍しく意見大一致で、ワクワクしながらお昼めがけてやってきた。が、なんとそこは建物そのままで店名が変わってしまっていた。おまけに開店は夕方から。ここにも不況のあおりがきたんだろうか。

もう一軒の、これまたいつも行く店へ流れることに。ここは揚げたエビやイカや牡蠣がとてもおいしくて、クラムチャウダーも目玉商品。たいていの人がクラムチャウダーを食べつつ、熱々カリカリのアメリカ風テンプラにレモンをしぼって食べる。外にたいてい順番待ちの客がいっぱいはみ出してる、赤い屋根の海沿いの小さな店。ここでめいっぱい腹ごしらえ。そしてさっきの元チャートハウスのすぐそばから浜辺に下りることにした。

ハーフムーンベイの砂は、少し茶色と白がまじってキメが粗い感じ。裸足で歩くととても気持ちいい浜辺。人はこの時期でもちらほらで、ボードを抱えた高校生くらいの男の子たち四、五人が、いい波を待っては海に突進してって波に乗れたり、ひっくりかえったりしてた。

うちらが浜に座って海を見てたら、三人のBoysのところにその友だちと見られるGirls三人が、ビキニ姿でHi！と声をかけつつ途中から合流。だけど、なんだ？　このサワヤカサは。ビキニは着てるしスタイルだっていいし、日本なら泳ぎもしないでくねくねキャーキャー、変に男の子の目を意識した動きをしそうな年代の子たちなんだけど、彼女たちは波に向かって猛突進のクロールでどんどんたくましく泳いでいく。

途中の高波を頭からかぶりながら大喜び。一方、Boysもボードで波に乗ることに真剣で、ときどき静かにGirlsと話はしても、目は波のタイミングをはかることに集中といった

ハーフムーンベイの砂浜にて

感じ。ちょっとカッコいいよねぇ。

うちの息子たちは足だけ浸けるつもりが、ふいをついた波のせいですぐにズボンもパンツもびしょぬれ。もういいや。帰りは車の中でパンツ脱いでタオル巻いとけ。ということで、どっぱ〜ん！　という波の水に思いきりぬれてから、砂の中にそのまま体を埋めっこし始めた。

途中から夫も加わる。顔以外埋まった息子たちの姿を写真に撮るのはあたし。日も暮れかかり寒くなった夕方、しみじみと帰ることにした。ハーフムーンベイともこれでさよならだ。そして二日後、夫は正式に帰国した。

涙のお別れ

八月後半。現地校は新学年・新学期開始の、さあこれから！　という雰囲気に包まれた。長男は6th grader、次男は2nd graderになり、新校舎・新クラスでの生活が始まった。先に帰国した夫に代わり、私が学校と担任に帰国のことを伝えなければならなかった。それはたちまちMomたちの間にも伝わったようだった。

そして日本語補習校のほうでも後期開始。まだ午前中で終了の日本一年生でもある次男の迎えをして、私は次男と二人、ロスアルトスダウンタウンの中のお気に入りPeet's Coffeeへ立ち寄った。そこに現地校の友だちのアマンダのMomが入ってきた。思わず立ち話。「帰国するんだって？　聞いたわ。残念ね～。また戻ってこれるの？」。このあいだからこういう話になると、必ずみんな「また戻ってこれるの？」と聞いてくる。これってやっぱり国民性なのかな。

今はこうだけど、先行き何か希望はあるの？　あるならまだいいわね、というふうに前向きになんでも考えるようになってるのかもしれない。日本人なら帰国が決まった時点で「お別れ」「送別」で、近くまた戻ってくるなんて発想はあんまりすぐにはわかないかもしれない。

外のベンチで次男とふたり並んでコーヒーを飲み、ブラウニーを食べる土曜日の午後。次男にぽつりと言ってしまう。「お母さんさぁ、このダウンタウンから離れたくないな」。「そうだね」。まるで小さな恋人に本音をもらしてるみたい。

二年前、ロスアルトスに来た当時に比べると、ずいぶん日本人が増えた現地校Aスクール。気がつけば永住の人をのぞいて、あたしが最古参になってた。Aスクールの日本人母たちが私の送別ランチをしましょうと言ってくれ、どこがいい？　と聞いてくれたから迷わず「FUNAN（中華レストラン）」と答えた。

十二時現地集合。七人いるからひとり一品選んで分けましょう。即決のあたしは「福建チャーハン！」。みんながひとつずつ選ぶと、今まで食べたことのないメニューを選んでくれるから面白い。マーケットプライスの蒸しエビ、中国野菜の炒め物、袋茸入りスープ、牛肉オイスターソース炒め、あわびと筍の炒め物、マヨネーズテイストなんだけど甘いあんがからまったエビの揚げ物。

蒸したエビが丸ごと出てきて、殻をむいてピリ辛のタレにつけて食べる。お腹に青い卵をたくさん抱えた大きなエビ。蒸しただけでもうま～！　スープの後チャーハン登場。アメリカに来てから何度食べたかな、このチャーハン。そこに、頼んでない厚揚げ料理。店からのサービスだそうで、ありがたくいただく。

青野菜だけの炒め物も、ビーフの炒め物も、殻にのっかって出てきたあわびも、またなんでこうおいしいかね、という感じで食べ進む。

大勢で食べる中華、みんなどれがおいしいか、ほんとよく知ってるよね。送別される私はみんなからピアスもプレゼントされた。みなさん、ありがとうございました。

九月十日。先に帰国していた夫が家族の迎えのために戻ってきた。そして九月十二日朝、夫とともに、現地校へ息子たちを送っていく。今日の登校がついにラスト。Remy MomとRyan Momが次男のために（クラスメートたちや次男の仲良しのみんなに手づくりのチラシまで配って参加を呼びかけての）送別アイスクリームパーティを、登校最終日の放課後に企画してくれてることを先日聞かされた。次男のためにそこまでしてくれるアメリカのMomたちに驚きながら、私はとても感激していた。

次男のクラスへ。クラスメートと担任にプレゼントをわたし、クラス内のビデオ撮影をさせてもらった。そして放課後、アイスが用意されてるエリアへみんなで移動。すでにRemy Momが中心になってアイスを配り始めてくれてた。ウエハースやグミ、チョコ、クリームなんかは各自好きにのっけて食べようということにしてくれてて、それに群がる子どもたち。

そのとき次男と同じ2nd gradeクラスの子の親以外に、キンダーや1st gradeのときに一緒だった子たちやその親までもが、そこら一帯で次男と一緒にアイスを食べ始めた。

この学年唯一のジャパニーズの次男が帰国してしまう、もうお別れということで、こんなことまで準備してみんな集まってくれるなんて……。ゆっくり全員と話をしたいとこだけど、長男のほうの担任にも挨拶しに行かねば。あとの撮影は夫に任せて、ひとまず私は6th gradeのクラスへと向かう。

長男のほうでも外のランチテーブルのところで、担任主催の送別アイスクリームパーティが催されてたようだった。帰宅のチャイムがなったところで、ぞろぞろこちらに戻ってくる様子が見え、まずは担任が遠くから私を見つけて、あぁついにこの時がきたのね、という表情で近づいてきた。

自分としては淡々とお礼を言ってプレゼントをわたして終わるつもりが、担任の顔を見て握手したとたん、もうだめだった。担任のHugがさらに追いうちをかける。そこで、自分を支えてきたものが全部崩れてしまった。

長男がまだはるか向こうをゆっくり歩いてるときに、私と担任の様子を見た息子の友だち6th grade児童数名が私のほうに寄ってきて、私に声をかけたり、おまけに「I miss you」とか言いながらHugしてくる。

体の大きい6th graderたちにHugされる私。どっちがオトナか誰がクラスメートかわかんないぞ、と思いながらもそのまま泣いてしまう私。息子がみんなや担任と声をかけあってお別れしたあと、ようやく私も落ち着きを取り戻し、次男のほうのパーティに急いで戻った。

席をはずしてたあいだに声をかけ損ねたまま帰してしまった親子が数組いたようだ。しまったと思いながら、まだ残ってた人にお礼を言ってまわる。しかしThank youの言葉を口に出すとつられて涙も出てきて、幸いサングラスの下でよかったと思いながらもうこれで終わるつもりだった。

しかし。なんでみんなHugしてくんの〜。せっかく止まった涙がまた止まらなくなった。パーティを考えてくれたレミーMomと、こんな余裕のない期間に子どもたちひとりずつ写真を撮って、次男へのメッセージを書かせて文集をつくってプレゼントしてくれたライアンMomと最後に挨拶するときには、もうぼろぼろ。

全員帰っていくのを見届ける頃、今度はＥＳＬの先生のほうから、こちらに出向いて来てくれた。ＥＳＬの部屋に入って最後の挨拶。第二言語の英語を週二回、この先生が陰で支えてくれたんだもの。親子して本当にお世話になったと思う。

帰り際、校長と握手。オフィスの方にも挨拶。もう泣けて泣けてどうしようもない母を校長はHugして見送ってくれた。暑さと疲れと気が抜けたのとで、息子たちも帰路は放心状態。

九月十三日、土曜日。補習校へ送る最後の朝。第二便も送り出し家のオーナーともお別れし、自分たちの朝の出発地点はそれまでの一戸建てからホテルになっていた。昼に長男にランチ用のハンバーガーを買って届けがてら、次男のほうの迎えに行く。「うちのクラスにとって、いなくなるのは惜しいキャラクターなんです」。担任からそう言われる次男。クラスでは一体どんなふうだったんだか。

夕方、長男の五年生のクラスでも担任やみんなとお別れ。現地校でも補習校でも息子たちは良い先生や友だちに恵まれた学校生活だったと、本当に感謝しながら終わった。息子たちは帰りの車内でぐっすり。疲れたんだろうなぁ。

アメリカ最後のディナーはやっぱしステーキだな。考えた末、ロスアルトスダウンタウン内のバンデラにいくことにした。外からじゃわかんなかったけど店内なかなかいい雰囲気。そして頼んだのはプライムリブのステーキ。手のひらサイズの巨大な肉がどかーんとやってきた。

そしてそれはとってもやわらかかった。テーブル係のお姉さんも親切で、最後にこの店に来たのは正解だったかもしれないね。デザートもよかったな。

その後、もと近所のお宅へ挨拶しに行き、夫は数日間利用したレンタカーを返しに行った。もうこれですべてやり終えた。

夜、E家が差し入れを持ってホテルの部屋を訪ねてくれた。二一七号室で乾杯。ほんとに帰ってしまうんだね……少しさみしそうなEさんに「いや、今度また来るから。ジョーダンじゃなくてホントに来るからね」と言っておく。

社交辞令が好きじゃないあたしはとりあえず、来ていいよって言ってくれたお宅にはホントーにあらわれるからどーかそのつもりで……。

さよなら

二〇〇三年九月十四日。アメリカとお別れの日。シャワーを浴びて朝食に向かう朝。昨夜、あたしの大好きなコスコのクロワッサンをEさんが持ってきてくれたから、それも持って一階へ。基本的に朝食メニューは同じなんだけど、おかず一品だけは変化してくこのホテル。

初日、ポテトフライだったところがパンケーキに、そして今朝は平べったいソーセージにと変わってくれた。あとはスクランブルエッグ、ペストリー、カップケーキ、ワッフル、トースト、ベーグル、シリアルいろいろ、フルーツいろいろ、コーヒー、紅茶、ココア、ミルク、オレンジジュースなどなど、好きに選べるようになってる。

アメリカって国は、そうやってパンひとつにしても飲み物にしたって種類をとりそろえて選ぶ楽しみをくれる場所。コーヒーにいれるクリームも、ただのコーヒーミルクだけじゃなくて、アイリッシュコーヒーテイストになるクリームだったり、ヘーゼルナッツフレーバーだったり、脂肪分ハーフだったり。はじめはそれが面倒だった。

いちいち選ばすなっ！　定食みたいに決めといてくれ、と。けど、自分の好みを自分の意見で主張できるって、ある程度自分をもってないとできないことだ。自分の思うことをはっきり言う。たったそれだけのことを日本人はためらうことが多い。

言わなくてもわかってくれるとか、言われなくても先を読んでやってあげるとかの日本の美徳はあるけれど「きちんと、はっきり言うこと」って、日本の外ではかなり大事。はっきり言うときついと受け止められること、日本だと多いけど、あたしから見れば表面はやんわりしつつ実は陰口をさんざんたたいたり、愚痴言ったりすることのほうがよっぽどきついんじゃないかと思うから、たぶんあたしはこれからもはっきり言うかな。

しんどいこともあったけど、アメリカは人の気持ちの表現が素直で面白かった。いろんなこと、大事なこと、いっぱい教えてくれて気づかせてくれてほんとにありがとう。

あとがき

自分の暮らしはどうにでも変えられると思っています。

十年前、夫が突然留学を希望しました。日本を出たことがなかった私にとって一歳になりたての長男を抱っこしての渡米は不安でした。それまで自分を包んで守ってくれてた経歴や人生経験の膜のようなものは海外では全く役にたたない、安っぽく薄っぺらなもののような気がして、丸はだかの落ち着かない気持ちで日々過ごしていたのを今も覚えています。

今をどう前向きに行動できるか、何もかも「今、この時」が大事ということをカリフォルニアで教わった気がします。それまでの自分なんてどうでもよく、「今、この時から」の行動をまわりの人たちはちゃんと見てくれ評価してくれる、そういう環境だから、いろんな人種がいり交じって暮らすカリフォルニアはいつも明るく、みんな元気なのかもしれません。

華やかなイメージが先行する駐在生活ですが、実は大変な苦労を強いられます。それは

石狩へ

実際、体験しないとわからないことなので、驚きの出来事を身内や友人に報告しながら一緒に驚きを共有してもらってストレスを発散していました。慣れない中で、どうしても納得のいかない環境から脱出するため、渡米半年でアパートから一戸建てに引っ越しもしました。それはロスアルトスとの出会いであり、思いきったことで私たちがラッキーのひとかけらを手にした出来事だったと思っています。

帰任となり、神奈川のマイホームに戻って半年。多くの駐在経験家庭が感じる、日本の都会生活の不健康さや、子どもの教育環境の悪さ、そういうものに耐えさせてまでここにしがみつくことは子どもの人格形成によくない影響を与えそうな気がして、私たちはインターネットでみつけた素晴らしい小学校だけを頼りに身内のいない北海道石狩市へと移住しました。この小学校を見つけられたこと、なんとか家を借りることができたこと、家族の生活環境を整えるために長年勤めた会社を思いきって退社した夫が、理想的な環境の仕事を見つけられたこと、そして今、家族全員幸せに健康的に暮らせていることは、ほんとに小さなラッキーのひとつひとつを前向きにひろって歩いてきたごほうびなのかもしれないと思っていきます。そしてこの石狩での生活を楽しむことが、励まして下さった皆様への恩返しになるものと考えています。

私のホームページは初め「クパティノ日記」でした。その後「Los Altos Times」となり帰国後は「湘南日記」の中で私の個人的な生活をつづってきました。現在の「石狩ＴＩＭＥＳ」に至るまでにいろいろなことがありすぎましたが、その時々に支えてくれた家族、友人、知りあえた大勢の方々に本当に感謝しています。最後になりましたが、素敵なイラストを描いてくれた友人の児玉成子さん、出版に力を貸して下さった文芸社の皆様、どうもありがとうございました。

二〇〇四年　夏　　由加利

著者プロフィール

由加利（ゆかり）

富山県生まれ。

京都女子大短大部食物専攻卒業後、モランボン調理師専門学校卒業。

結婚後1993年、夫の留学のため家族で渡米、1年滞在。7年後の2001年、夫の駐在にともない再渡米。

身内の近況報告から始めたホームページ日記が反響を呼ぶ。

2004年4月、北海道に移住。ホームページ日記は現在も継続。

〔石狩 Times〕

http://www003.upp.so-net.ne.jp/k-yukari/

ラッキーのかけら

2004年8月15日　初版第1刷発行

著　者　由加利
発行者　瓜谷 綱延
発行所　株式会社文芸社
〒160-0022　東京都新宿区新宿1－10－1
電話　03-5369-3060（編集）
03-5369-2299（販売）

印刷所　図書印刷株式会社

ISBN4-8355-7608-X C0095